全国普法学习读本

★　★　★　★　★

行政与科技法律法规读本

网络管理法律法规学习读本

网络管理法律法规

叶浦芳　主编

加大全民普法力度，建设社会主义法治文化，树立宪法法律
至上、法律面前人人平等的法治理念。

——中国共产党第十九次全国代表大会《决胜全面建
成小康社会　夺取新时代中国特色社会主义伟大胜利》

汕头大学出版社

图书在版编目（CIP）数据

网络管理法律法规／叶浦芳主编．-- 汕头：汕头
大学出版社（2021.7重印）
（网络管理法律法规学习读本）
ISBN 978-7-5658-3570-4

Ⅰ.①网… Ⅱ.①叶… Ⅲ.①计算机网络管理-法律
-中国-学习参考资料 Ⅳ.①D922.174

中国版本图书馆 CIP 数据核字（2018）第 078975 号

网络管理法律法规　　　　　　　WANGLUO GUANLI FALÜ FAGUI

主　　编：叶浦芳
责任编辑：邹　峰
责任技编：黄东生
封面设计：大华文苑
出版发行：汕头大学出版社
　　　　　广东省汕头市大学路 243 号汕头大学校园内　　邮政编码：515063
电　　话：0754-82904613
印　　刷：三河市南阳印刷有限公司
开　　本：690mm×960mm 1/16
印　　张：18
字　　数：226 千字
版　　次：2018 年 5 月第 1 版
印　　次：2021 年 7 月第 2 次印刷
定　　价：59.60 元（全 2 册）
ISBN 978-7-5658-3570-4

前　言

习近平总书记指出："推进全民守法，必须着力增强全民法治观念。要坚持把全民普法和守法作为依法治国的长期基础性工作，采取有力措施加强法制宣传教育。要坚持法治教育从娃娃抓起，把法治教育纳入国民教育体系和精神文明创建内容，由易到难、循序渐进不断增强青少年的规则意识。要健全公民和组织守法信用记录，完善守法诚信褒奖机制和违法失信行为惩戒机制，形成守法光荣、违法可耻的社会氛围，使遵法守法成为全体人民共同追求和自觉行动。"

中共中央、国务院曾经转发了中央宣传部、司法部关于在公民中开展法治宣传教育的规划，并发出通知，要求各地区各部门结合实际认真贯彻执行。通知指出，全民普法和守法是依法治国的长期基础性工作。深入开展法治宣传教育，是全面建成小康社会和新农村的重要保障。

普法规划指出：各地区各部门要根据实际需要，从不同群体的特点出发，因地制宜开展有特色的法治宣传教育坚持集中法治宣传教育与经常性法治宣传教育相结合，深化法律进机关、进乡村、进社区、进学校、进企业、进单位的"法律六进"主题活动，完善工作标准，建立长效机制。

特别是农业、农村和农民问题，始终是关系党和人民事业发展的全局性和根本性问题。党中央、国务院发布的《关于推进社会主义新农村建设的若干意见》中明确提出要"加强农村法制建设，深入开展农村普法教育，增强农民的法制观念，提高农民依法行使权利和履行义务的自觉性。"多年普法实践证明，普及法律知识，提高法制观念，增强全社会依法办事意识具有重要作用。特别是在广大农村进行普法教育，是提高全民法律素质的需要。

多年来，我国在农村实行的改革开放取得了极大成功，农村发生了翻天覆地的变化，广大农民生活水平大大得到了提高。但是，由于历史和社会等原因，现阶段我国一些地区农民文化素质还不高，不学法、不懂法、不守法现象虽然较原来有所改变，但仍有相当一部分群众的法制观念仍很淡化，不懂、不愿借助法律来保护自身权益，这就极易受到不法的侵害，或极易进行违法犯罪活动，严重阻碍了全面建成小康社会和新农村步伐。

为此，根据党和政府的指示精神以及普法规划，特别是根据广大农村农民的现状，在有关部门和专家的指导下，特别编辑了这套《全国普法学习读本》。主要包括了广大人民群众应知应懂、实际实用的法律法规。为了辅导学习，附录还收入了相应法律法规的条例准则、实施细则、解读解答、案例分析等；同时为了突出法律法规的实际实用特点，兼顾地方性和特殊性，附录还收入了部分某些地方性法律法规以及非法律法规的政策文件、管理制度、应用表格等内容，拓展了本书的知识范围，使法律法规更"接地气"，便于读者学习掌握和实际应用。

在众多法律法规中，我们通过甄别，淘汰了废止的，精选了最新的、权威的和全面的。但有部分法律法规有些条款不适应当下情况了，却没有颁布新的，我们又不能擅自改动，只得保留原有条款，但附录却有相应的补充修改意见或通知等。众多法律法规根据不同内容和受众特点，经过归类组合，优化配套。整套普法读本非常全面系统，具有很强的学习性、实用性和指导性，非常适合用于广大农村和城乡普法学习教育与实践指导。总之，是全国全民普法的良好读本。

目　录

中华人民共和国网络安全法

信息网络传播权保护条例

网络游戏管理暂行办法

网络交易管理办法

中华人民共和国网络安全法

中华人民共和国主席令

第五十三号

《中华人民共和国网络安全法》已由中华人民共和国第十二届全国人民代表大会常务委员会第二十四次会议于 2016 年 11 月 7 日通过，现予公布，自 2017 年 6 月 1 日起施行。

中华人民共和国主席　习近平

2016 年 11 月 7 日

第一章　总　　则

第一条　为了保障网络安全，维护网络空间主权和国家安全、社会公共利益，保护公民、法人和其他组织的合法权益，促进经济社会信息化健康发展，制定本法。

第二条 在中华人民共和国境内建设、运营、维护和使用网络，以及网络安全的监督管理，适用本法。

第三条 国家坚持网络安全与信息化发展并重，遵循积极利用、科学发展、依法管理、确保安全的方针，推进网络基础设施建设和互联互通，鼓励网络技术创新和应用，支持培养网络安全人才，建立健全网络安全保障体系，提高网络安全保护能力。

第四条 国家制定并不断完善网络安全战略，明确保障网络安全的基本要求和主要目标，提出重点领域的网络安全政策、工作任务和措施。

第五条 国家采取措施，监测、防御、处置来源于中华人民共和国境内外的网络安全风险和威胁，保护关键信息基础设施免受攻击、侵入、干扰和破坏，依法惩治网络违法犯罪活动，维护网络空间安全和秩序。

第六条 国家倡导诚实守信、健康文明的网络行为，推动传播社会主义核心价值观，采取措施提高全社会的网络安全意识和水平，形成全社会共同参与促进网络安全的良好环境。

第七条 国家积极开展网络空间治理、网络技术研发和标准制定、打击网络违法犯罪等方面的国际交流与合作，推动构建和平、安全、开放、合作的网络空间，建立多边、民主、透明的网络治理体系。

第八条 国家网信部门负责统筹协调网络安全工作和相关监督管理工作。国务院电信主管部门、公安部门和其他有关机关依照本法和有关法律、行政法规的规定，在各自职责范围内负责网络安全保护和监督管理工作。

县级以上地方人民政府有关部门的网络安全保护和监督管理

职责，按照国家有关规定确定。

第九条　网络运营者开展经营和服务活动，必须遵守法律、行政法规，尊重社会公德，遵守商业道德，诚实信用，履行网络安全保护义务，接受政府和社会的监督，承担社会责任。

第十条　建设、运营网络或者通过网络提供服务，应当依照法律、行政法规的规定和国家标准的强制性要求，采取技术措施和其他必要措施，保障网络安全、稳定运行，有效应对网络安全事件，防范网络违法犯罪活动，维护网络数据的完整性、保密性和可用性。

第十一条　网络相关行业组织按照章程，加强行业自律，制定网络安全行为规范，指导会员加强网络安全保护，提高网络安全保护水平，促进行业健康发展。

第十二条　国家保护公民、法人和其他组织依法使用网络的权利，促进网络接入普及，提升网络服务水平，为社会提供安全、便利的网络服务，保障网络信息依法有序自由流动。

任何个人和组织使用网络应当遵守宪法法律，遵守公共秩序，尊重社会公德，不得危害网络安全，不得利用网络从事危害国家安全、荣誉和利益，煽动颠覆国家政权、推翻社会主义制度，煽动分裂国家、破坏国家统一，宣扬恐怖主义、极端主义，宣扬民族仇恨、民族歧视，传播暴力、淫秽色情信息，编造、传播虚假信息扰乱经济秩序和社会秩序，以及侵害他人名誉、隐私、知识产权和其他合法权益等活动。

第十三条　国家支持研究开发有利于未成年人健康成长的网络产品和服务，依法惩治利用网络从事危害未成年人身心健康的活动，为未成年人提供安全、健康的网络环境。

第十四条　任何个人和组织有权对危害网络安全的行为向网信、电信、公安等部门举报。收到举报的部门应当及时依法作出处理；不属于本部门职责的，应当及时移送有权处理的部门。

有关部门应当对举报人的相关信息予以保密，保护举报人的合法权益。

第二章　网络安全支持与促进

第十五条　国家建立和完善网络安全标准体系。国务院标准化行政主管部门和国务院其他有关部门根据各自的职责，组织制定并适时修订有关网络安全管理以及网络产品、服务和运行安全的国家标准、行业标准。

国家支持企业、研究机构、高等学校、网络相关行业组织参与网络安全国家标准、行业标准的制定。

第十六条　国务院和省、自治区、直辖市人民政府应当统筹规划，加大投入，扶持重点网络安全技术产业和项目，支持网络安全技术的研究开发和应用，推广安全可信的网络产品和服务，保护网络技术知识产权，支持企业、研究机构和高等学校等参与国家网络安全技术创新项目。

第十七条　国家推进网络安全社会化服务体系建设，鼓励有关企业、机构开展网络安全认证、检测和风险评估等安全服务。

第十八条　国家鼓励开发网络数据安全保护和利用技术，促进公共数据资源开放，推动技术创新和经济社会发展。

国家支持创新网络安全管理方式，运用网络新技术，提升网络安全保护水平。

第十九条 各级人民政府及其有关部门应当组织开展经常性的网络安全宣传教育，并指导、督促有关单位做好网络安全宣传教育工作。

大众传播媒介应当有针对性地面向社会进行网络安全宣传教育。

第二十条 国家支持企业和高等学校、职业学校等教育培训机构开展网络安全相关教育与培训，采取多种方式培养网络安全人才，促进网络安全人才交流。

第三章 网络运行安全

第一节 一般规定

第二十一条 国家实行网络安全等级保护制度。网络运营者应当按照网络安全等级保护制度的要求，履行下列安全保护义务，保障网络免受干扰、破坏或者未经授权的访问，防止网络数据泄露或者被窃取、篡改：

（一）制定内部安全管理制度和操作规程，确定网络安全负责人，落实网络安全保护责任；

（二）采取防范计算机病毒和网络攻击、网络侵入等危害网络安全行为的技术措施；

（三）采取监测、记录网络运行状态、网络安全事件的技术措施，并按照规定留存相关的网络日志不少于六个月；

（四）采取数据分类、重要数据备份和加密等措施；

（五）法律、行政法规规定的其他义务。

第二十二条 网络产品、服务应当符合相关国家标准的强制性要求。网络产品、服务的提供者不得设置恶意程序；发现其网络产品、服务存在安全缺陷、漏洞等风险时，应当立即采取补救措施，按照规定及时告知用户并向有关主管部门报告。

网络产品、服务的提供者应当为其产品、服务持续提供安全维护；在规定或者当事人约定的期限内，不得终止提供安全维护。

网络产品、服务具有收集用户信息功能的，其提供者应当向用户明示并取得同意；涉及用户个人信息的，还应当遵守本法和有关法律、行政法规关于个人信息保护的规定。

第二十三条 网络关键设备和网络安全专用产品应当按照相关国家标准的强制性要求，由具备资格的机构安全认证合格或者安全检测符合要求后，方可销售或者提供。国家网信部门会同国务院有关部门制定、公布网络关键设备和网络安全专用产品目录，并推动安全认证和安全检测结果互认，避免重复认证、检测。

第二十四条 网络运营者为用户办理网络接入、域名注册服务，办理固定电话、移动电话等入网手续，或者为用户提供信息发布、即时通讯等服务，在与用户签订协议或者确认提供服务时，应当要求用户提供真实身份信息。用户不提供真实身份信息的，网络运营者不得为其提供相关服务。

国家实施网络可信身份战略，支持研究开发安全、方便的电子身份认证技术，推动不同电子身份认证之间的互认。

第二十五条 网络运营者应当制定网络安全事件应急预案，及时处置系统漏洞、计算机病毒、网络攻击、网络侵入等安全风险；在发生危害网络安全的事件时，立即启动应急预案，采取相应的补救措施，并按照规定向有关主管部门报告。

第二十六条 开展网络安全认证、检测、风险评估等活动，向社会发布系统漏洞、计算机病毒、网络攻击、网络侵入等网络安全信息，应当遵守国家有关规定。

第二十七条　任何个人和组织不得从事非法侵入他人网络、干扰他人网络正常功能、窃取网络数据等危害网络安全的活动；不得提供专门用于从事侵入网络、干扰网络正常功能及防护措施、窃取网络数据等危害网络安全活动的程序、工具；明知他人从事危害网络安全的活动的，不得为其提供技术支持、广告推广、支付结算等帮助。

第二十八条　网络运营者应当为公安机关、国家安全机关依法维护国家安全和侦查犯罪的活动提供技术支持和协助。

第二十九条　国家支持网络运营者之间在网络安全信息收集、分析、通报和应急处置等方面进行合作，提高网络运营者的安全保障能力。

有关行业组织建立健全本行业的网络安全保护规范和协作机制，加强对网络安全风险的分析评估，定期向会员进行风险警示，支持、协助会员应对网络安全风险。

第三十条　网信部门和有关部门在履行网络安全保护职责中获取的信息，只能用于维护网络安全的需要，不得用于其他用途。

第二节　关键信息基础设施的运行安全

第三十一条　国家对公共通信和信息服务、能源、交通、水利、金融、公共服务、电子政务等重要行业和领域，以及其他一旦遭到破坏、丧失功能或者数据泄露，可能严重危害国家安全、国计民生、公共利益的关键信息基础设施，在网络安全等级保护制度的基础上，实行重点保护。关键信息基础设施的具体范围和安全保护办法由国务院制定。

国家鼓励关键信息基础设施以外的网络运营者自愿参与关键信息基础设施保护体系。

第三十二条 按照国务院规定的职责分工，负责关键信息基础设施安全保护工作的部门分别编制并组织实施本行业、本领域的关键信息基础设施安全规划，指导和监督关键信息基础设施运行安全保护工作。

第三十三条 建设关键信息基础设施应当确保其具有支持业务稳定、持续运行的性能，并保证安全技术措施同步规划、同步建设、同步使用。

第三十四条 除本法第二十一条的规定外，关键信息基础设施的运营者还应当履行下列安全保护义务：

（一）设置专门安全管理机构和安全管理负责人，并对该负责人和关键岗位的人员进行安全背景审查；

（二）定期对从业人员进行网络安全教育、技术培训和技能考核；

（三）对重要系统和数据库进行容灾备份；

（四）制定网络安全事件应急预案，并定期进行演练；

（五）法律、行政法规规定的其他义务。

第三十五条 关键信息基础设施的运营者采购网络产品和服务，可能影响国家安全的，应当通过国家网信部门会同国务院有关部门组织的国家安全审查。

第三十六条 关键信息基础设施的运营者采购网络产品和服务，应当按照规定与提供者签订安全保密协议，明确安全和保密义务与责任。

第三十七条　关键信息基础设施的运营者在中华人民共和国境内运营中收集和产生的个人信息和重要数据应当在境内存储。因业务需要，确需向境外提供的，应当按照国家网信部门会同国务院有关部门制定的办法进行安全评估；法律、行政法规另有规定的，依照其规定。

第三十八条　关键信息基础设施的运营者应当自行或者委托网络安全服务机构对其网络的安全性和可能存在的风险每年至少进行一次检测评估，并将检测评估情况和改进措施报送相关负责关键信息基础设施安全保护工作的部门。

第三十九条　国家网信部门应当统筹协调有关部门对关键信息基础设施的安全保护采取下列措施：

（一）对关键信息基础设施的安全风险进行抽查检测，提出改进措施，必要时可以委托网络安全服务机构对网络存在的安全风险进行检测评估；

（二）定期组织关键信息基础设施的运营者进行网络安全应急演练，提高应对网络安全事件的水平和协同配合能力；

（三）促进有关部门、关键信息基础设施的运营者以及有关研究机构、网络安全服务机构等之间的网络安全信息共享；

（四）对网络安全事件的应急处置与网络功能的恢复等，提供技术支持和协助。

第四章　网络信息安全

第四十条　网络运营者应当对其收集的用户信息严格保密，并建立健全用户信息保护制度。

第四十一条 网络运营者收集、使用个人信息,应当遵循合法、正当、必要的原则,公开收集、使用规则,明示收集、使用信息的目的、方式和范围,并经被收集者同意。

网络运营者不得收集与其提供的服务无关的个人信息,不得违反法律、行政法规的规定和双方的约定收集、使用个人信息,并应当依照法律、行政法规的规定和与用户的约定,处理其保存的个人信息。

第四十二条 网络运营者不得泄露、篡改、毁损其收集的个人信息;未经被收集者同意,不得向他人提供个人信息。但是,经过处理无法识别特定个人且不能复原的除外。

网络运营者应当采取技术措施和其他必要措施,确保其收集的个人信息安全,防止信息泄露、毁损、丢失。在发生或者可能发生个人信息泄露、毁损、丢失的情况时,应当立即采取补救措施,按照规定及时告知用户并向有关主管部门报告。

第四十三条 个人发现网络运营者违反法律、行政法规的规定或者双方的约定收集、使用其个人信息的,有权要求网络运营者删除其个人信息;发现网络运营者收集、存储的其个人信息有错误的,有权要求网络运营者予以更正。网络运营者应当采取措施予以删除或者更正。

第四十四条 任何个人和组织不得窃取或者以其他非法方式获取个人信息,不得非法出售或者非法向他人提供个人信息。

第四十五条 依法负有网络安全监督管理职责的部门及其工作人员,必须对在履行职责中知悉的个人信息、隐私和商业秘密严格保密,不得泄露、出售或者非法向他人提供。

第四十六条 任何个人和组织应当对其使用网络的行为负责,

不得设立用于实施诈骗，传授犯罪方法、制作或者销售违禁物品、管制物品等违法犯罪活动的网站、通讯群组，不得利用网络发布涉及实施诈骗，制作或者销售违禁物品、管制物品以及其他违法犯罪活动的信息。

第四十七条 网络运营者应当加强对其用户发布的信息的管理，发现法律、行政法规禁止发布或者传输的信息的，应当立即停止传输该信息，采取消除等处置措施，防止信息扩散，保存有关记录，并向有关主管部门报告。

第四十八条 任何个人和组织发送的电子信息、提供的应用软件，不得设置恶意程序，不得含有法律、行政法规禁止发布或者传输的信息。

电子信息发送服务提供者和应用软件下载服务提供者，应当履行安全管理义务，知道其用户有前款规定行为的，应当停止提供服务，采取消除等处置措施，保存有关记录，并向有关主管部门报告。

第四十九条 网络运营者应当建立网络信息安全投诉、举报制度，公布投诉、举报方式等信息，及时受理并处理有关网络信息安全的投诉和举报。

网络运营者对网信部门和有关部门依法实施的监督检查，应当予以配合。

第五十条 国家网信部门和有关部门依法履行网络信息安全监督管理职责，发现法律、行政法规禁止发布或者传输的信息的，应当要求网络运营者停止传输，采取消除等处置措施，保存有关记录；对来源于中华人民共和国境外的上述信息，应当通知有关机构采取技术措施和其他必要措施阻断传播。

第五章　监测预警与应急处置

第五十一条　国家建立网络安全监测预警和信息通报制度。国家网信部门应当统筹协调有关部门加强网络安全信息收集、分析和通报工作，按照规定统一发布网络安全监测预警信息。

第五十二条　负责关键信息基础设施安全保护工作的部门，应当建立健全本行业、本领域的网络安全监测预警和信息通报制度，并按照规定报送网络安全监测预警信息。

第五十三条　国家网信部门协调有关部门建立健全网络安全风险评估和应急工作机制，制定网络安全事件应急预案，并定期组织演练。

负责关键信息基础设施安全保护工作的部门应当制定本行业、本领域的网络安全事件应急预案，并定期组织演练。

网络安全事件应急预案应当按照事件发生后的危害程度、影响范围等因素对网络安全事件进行分级，并规定相应的应急处置措施。

第五十四条　网络安全事件发生的风险增大时，省级以上人民政府有关部门应当按照规定的权限和程序，并根据网络安全风险的特点和可能造成的危害，采取下列措施：

（一）要求有关部门、机构和人员及时收集、报告有关信息，加强对网络安全风险的监测；

（二）组织有关部门、机构和专业人员，对网络安全风险信息进行分析评估，预测事件发生的可能性、影响范围和危害程度；

（三）向社会发布网络安全风险预警，发布避免、减轻危害的措施。

第五十五条 发生网络安全事件，应当立即启动网络安全事件应急预案，对网络安全事件进行调查和评估，要求网络运营者采取技术措施和其他必要措施，消除安全隐患，防止危害扩大，并及时向社会发布与公众有关的警示信息。

第五十六条 省级以上人民政府有关部门在履行网络安全监督管理职责中，发现网络存在较大安全风险或者发生安全事件的，可以按照规定的权限和程序对该网络的运营者的法定代表人或者主要负责人进行约谈。网络运营者应当按照要求采取措施，进行整改，消除隐患。

第五十七条 因网络安全事件，发生突发事件或者生产安全事故的，应当依照《中华人民共和国突发事件应对法》、《中华人民共和国安全生产法》等有关法律、行政法规的规定处置。

第五十八条 因维护国家安全和社会公共秩序，处置重大突发社会安全事件的需要，经国务院决定或者批准，可以在特定区域对网络通信采取限制等临时措施。

第六章 法律责任

第五十九条 网络运营者不履行本法第二十一条、第二十五条规定的网络安全保护义务的，由有关主管部门责令改正，给予警告；拒不改正或者导致危害网络安全等后果的，处一万元以上十万元以下罚款，对直接负责的主管人员处五千元以上五万元以下罚款。

关键信息基础设施的运营者不履行本法第三十三条、第三十四条、第三十六条、第三十八条规定的网络安全保护义务的，由有关主管部门责令改正，给予警告；拒不改正或者导致危害网络安全等后果的，处十万元以上一百万元以下罚款，对直接负责的主管人员处一万元以上十万元以下罚款。

第六十条 违反本法第二十二条第一款、第二款和第四十八条第一款规定，有下列行为之一的，由有关主管部门责令改正，给予警告；拒不改正或者导致危害网络安全等后果的，处五万元以上五十万元以下罚款，对直接负责的主管人员处一万元以上十万元以下罚款：

（一）设置恶意程序的；

（二）对其产品、服务存在的安全缺陷、漏洞等风险未立即采取补救措施，或者未按照规定及时告知用户并向有关主管部门报告的；

（三）擅自终止为其产品、服务提供安全维护的。

第六十一条 网络运营者违反本法第二十四条第一款规定，未要求用户提供真实身份信息，或者对不提供真实身份信息的用户提供相关服务的，由有关主管部门责令改正；拒不改正或者情节严重的，处五万元以上五十万元以下罚款，并可以由有关主管部门责令暂停相关业务、停业整顿、关闭网站、吊销相关业务许可证或者吊销营业执照，对直接负责的主管人员和其他直接责任人员处一万元以上十万元以下罚款。

第六十二条 违反本法第二十六条规定，开展网络安全认证、检测、风险评估等活动，或者向社会发布系统漏洞、计算机病毒、网络攻击、网络侵入等网络安全信息的，由有关主管部门责令改正，给予警告；拒不改正或者情节严重的，处一万元以上十万元以下罚款，并可以由有关主管部门责令暂停相关业务、停业整顿、关闭网站、吊销相关业务许可证或者吊销营业执照，对直接负责的主管人员和其他直接责任人员处五千元以上五万元以下罚款。

第六十三条　违反本法第二十七条规定，从事危害网络安全的活动，或者提供专门用于从事危害网络安全活动的程序、工具，或者为他人从事危害网络安全的活动提供技术支持、广告推广、支付结算等帮助，尚不构成犯罪的，由公安机关没收违法所得，处五日以下拘留，可以并处五万元以上五十万元以下罚款；情节较重的，处五日以上十五日以下拘留，可以并处十万元以上一百万元以下罚款。

单位有前款行为的，由公安机关没收违法所得，处十万元以上一百万元以下罚款，并对直接负责的主管人员和其他直接责任人员依照前款规定处罚。

违反本法第二十七条规定，受到治安管理处罚的人员，五年内不得从事网络安全管理和网络运营关键岗位的工作；受到刑事处罚的人员，终身不得从事网络安全管理和网络运营关键岗位的工作。

第六十四条　网络运营者、网络产品或者服务的提供者违反本法第二十二条第三款、第四十一条至第四十三条规定，侵害个人信息依法得到保护的权利的，由有关主管部门责令改正，可以根据情节单处或者并处警告、没收违法所得、处违法所得一倍以上十倍以下罚款，没有违法所得的，处一百万元以下罚款，对直接负责的主管人员和其他直接责任人员处一万元以上十万元以下罚款；情节严重的，并可以责令暂停相关业务、停业整顿、关闭网站、吊销相关业务许可证或者吊销营业执照。

违反本法第四十四条规定，窃取或者以其他非法方式获取、非法出售或者非法向他人提供个人信息，尚不构成犯罪的，由公安机关没收违法所得，并处违法所得一倍以上十倍以下罚款，没有违法所得的，处一百万元以下罚款。

第六十五条 关键信息基础设施的运营者违反本法第三十五条规定，使用未经安全审查或者安全审查未通过的网络产品或者服务的，由有关主管部门责令停止使用，处采购金额一倍以上十倍以下罚款；对直接负责的主管人员和其他直接责任人员处一万元以上十万元以下罚款。

第六十六条 关键信息基础设施的运营者违反本法第三十七条规定，在境外存储网络数据，或者向境外提供网络数据的，由有关主管部门责令改正，给予警告，没收违法所得，处五万元以上五十万元以下罚款，并可以责令暂停相关业务、停业整顿、关闭网站、吊销相关业务许可证或者吊销营业执照；对直接负责的主管人员和其他直接责任人员处一万元以上十万元以下罚款。

第六十七条 违反本法第四十六条规定，设立用于实施违法犯罪活动的网站、通讯群组，或者利用网络发布涉及实施违法犯罪活动的信息，尚不构成犯罪的，由公安机关处五日以下拘留，可以并处一万元以上十万元以下罚款；情节较重的，处五日以上十五日以下拘留，可以并处五万元以上五十万元以下罚款。关闭用于实施违法犯罪活动的网站、通讯群组。

单位有前款行为的，由公安机关处十万元以上五十万元以下罚款，并对直接负责的主管人员和其他直接责任人员依照前款规定处罚。

第六十八条 网络运营者违反本法第四十七条规定，对法律、行政法规禁止发布或者传输的信息未停止传输、采取消除等处置措施、保存有关记录的，由有关主管部门责令改正，给予警告，没收违法所得；拒不改正或者情节严重的，处十万元以上五十万元以下罚款，并可以责令暂停相关业务、停业整顿、关闭网站、吊销相关业务许可证或者吊销营业执照，对直接负责的主管人员和其他直接责任人员处一万元以上十万元以下罚款。

电子信息发送服务提供者、应用软件下载服务提供者，不履行本法第四十八条第二款规定的安全管理义务的，依照前款规定处罚。

第六十九条 网络运营者违反本法规定，有下列行为之一的，由有关主管部门责令改正；拒不改正或者情节严重的，处五万元以上五十万元以下罚款，对直接负责的主管人员和其他直接责任人员，处一万元以上十万元以下罚款：

（一）不按照有关部门的要求对法律、行政法规禁止发布或者传输的信息，采取停止传输、消除等处置措施的；

（二）拒绝、阻碍有关部门依法实施的监督检查的；

（三）拒不向公安机关、国家安全机关提供技术支持和协助的。

第七十条 发布或者传输本法第十二条第二款和其他法律、行政法规禁止发布或者传输的信息的，依照有关法律、行政法规的规定处罚。

第七十一条 有本法规定的违法行为的，依照有关法律、行政法规的规定记入信用档案，并予以公示。

第七十二条 国家机关政务网络的运营者不履行本法规定的

网络安全保护义务的，由其上级机关或者有关机关责令改正；对直接负责的主管人员和其他直接责任人员依法给予处分。

第七十三条 网信部门和有关部门违反本法第三十条规定，将在履行网络安全保护职责中获取的信息用于其他用途的，对直接负责的主管人员和其他直接责任人员依法给予处分。

网信部门和有关部门的工作人员玩忽职守、滥用职权、徇私舞弊，尚不构成犯罪的，依法给予处分。

第七十四条 违反本法规定，给他人造成损害的，依法承担民事责任。

违反本法规定，构成违反治安管理行为的，依法给予治安管理处罚；构成犯罪的，依法追究刑事责任。

第七十五条 境外的机构、组织、个人从事攻击、侵入、干扰、破坏等危害中华人民共和国的关键信息基础设施的活动，造成严重后果的，依法追究法律责任；国务院公安部门和有关部门并可以决定对该机构、组织、个人采取冻结财产或者其他必要的制裁措施。

第七章 附 则

第七十六条 本法下列用语的含义：

（一）网络，是指由计算机或者其他信息终端及相关设备组成的按照一定的规则和程序对信息进行收集、存储、传输、交换、处理的系统。

（二）网络安全，是指通过采取必要措施，防范对网络的攻击、侵入、干扰、破坏和非法使用以及意外事故，使网络处于稳定可靠运行的状态，以及保障网络数据的完整性、保密性、可用性的能力。

（三）网络运营者，是指网络的所有者、管理者和网络服务提供者。

（四）网络数据，是指通过网络收集、存储、传输、处理和产生的各种电子数据。

（五）个人信息，是指以电子或者其他方式记录的能够单独或者与其他信息结合识别自然人个人身份的各种信息，包括但不限于自然人的姓名、出生日期、身份证件号码、个人生物识别信息、住址、电话号码等。

第七十七条 存储、处理涉及国家秘密信息的网络的运行安全保护，除应当遵守本法外，还应当遵守保密法律、行政法规的规定。

第七十八条 军事网络的安全保护，由中央军事委员会另行规定。

第七十九条 本法自 2017 年 6 月 1 日起施行。

附　录

全国人民代表大会常务委员会关于
维护互联网安全的决定

（2000 年 12 月 28 日第九届全国人民代表大会常务委员会第十九次会议通过）

　　我国的互联网，在国家大力倡导和积极推动下，在经济建设和各项事业中得到日益广泛的应用，使人们的生产、工作、学习和生活方式已经开始并将继续发生深刻的变化，对于加快我国国民经济、科学技术的发展和社会服务信息化进程具有重要作用。同时，如何保障互联网的运行安全和信息安全问题已经引起全社会的普遍关注。为了兴利除弊，促进我国互联网的健康发展，维护国家安全和社会公共利益，保护个人、法人和其他组织的合法权益，特作如下决定：

　　一、为了保障互联网的运行安全，对有下列行为之一，构成犯罪的，依照刑法有关规定追究刑事责任：

　　（一）侵入国家事务、国防建设、尖端科学技术领域的计算机信息系统；

　　（二）故意制作、传播计算机病毒等破坏性程序，攻击计算机系统及通信网络，致使计算机系统及通信网络遭受损害；

（三）违反国家规定，擅自中断计算机网络或者通信服务，造成计算机网络或者通信系统不能正常运行。

二、为了维护国家安全和社会稳定，对有下列行为之一，构成犯罪的，依照刑法有关规定追究刑事责任：

（一）利用互联网造谣、诽谤或者发表、传播其他有害信息，煽动颠覆国家政权、推翻社会主义制度，或者煽动分裂国家、破坏国家统一；

（二）通过互联网窃取、泄露国家秘密、情报或者军事秘密；

（三）利用互联网煽动民族仇恨、民族歧视，破坏民族团结；

（四）利用互联网组织邪教组织、联络邪教组织成员，破坏国家法律、行政法规实施。

三、为了维护社会主义市场经济秩序和社会管理秩序，对有下列行为之一，构成犯罪的，依照刑法有关规定追究刑事责任：

（一）利用互联网销售伪劣产品或者对商品、服务作虚假宣传；

（二）利用互联网损害他人商业信誉和商品声誉；

（三）利用互联网侵犯他人知识产权；

（四）利用互联网编造并传播影响证券、期货交易或者其他扰乱金融秩序的虚假信息；

（五）在互联网上建立淫秽网站、网页，提供淫秽站点链接服务，或者传播淫秽书刊、影片、音像、图片。

四、为了保护个人、法人和其他组织的人身、财产等合法权利，对有下列行为之一，构成犯罪的，依照刑法有关规定追究刑事责任：

（一）利用互联网侮辱他人或者捏造事实诽谤他人；

（二）非法截获、篡改、删除他人电子邮件或者其他数据资料，侵犯公民通信自由和通信秘密；

（三）利用互联网进行盗窃、诈骗、敲诈勒索。

五、利用互联网实施本决定第一条、第二条、第三条、第四条所列行为以外的其他行为，构成犯罪的，依照刑法有关规定追究刑事责任。

六、利用互联网实施违法行为，违反社会治安管理，尚不构成犯罪的，由公安机关依照《治安管理处罚条例》予以处罚；违反其他法律、行政法规，尚不构成犯罪的，由有关行政管理部门依法给予行政处罚；对直接负责的主管人员和其他直接责任人员，依法给予行政处分或者纪律处分。

利用互联网侵犯他人合法权益，构成民事侵权的，依法承担民事责任。

七、各级人民政府及有关部门要采取积极措施，在促进互联网的应用和网络技术的普及过程中，重视和支持对网络安全技术的研究和开发，增强网络的安全防护能力。有关主管部门要加强对互联网的运行安全和信息安全的宣传教育，依法实施有效的监督管理，防范和制止利用互联网进行的各种违法活动，为互联网的健康发展创造良好的社会环境。从事互联网业务的单位要依法开展活动，发现互联网上出现违法犯罪行为和有害信息时，要采取措施，停止传输有害信息，并及时向有关机关报告。任何单位和个人在利用互联网时，都要遵纪守法，抵制各种违法犯罪行为和有害信息。人民法院、人民检察院、公安机关、国家安全机关要各司其职，密切配合，依法严厉打击利用互联网实施的各种犯罪活动。要动员全社会的力量，依靠全社会的共同努力，保障互联网的运行安全与信息安全，促进社会主义精神文明和物质文明建设。

国家网络空间安全战略

（经中央网络安全和信息化领导小组批准，2016 年 12 月 27 日国家互联网信息办公室发布）

信息技术广泛应用和网络空间兴起发展，极大促进了经济社会繁荣进步，同时也带来了新的安全风险和挑战。网络空间安全（以下称网络安全）事关人类共同利益，事关世界和平与发展，事关各国国家安全。维护我国网络安全是协调推进全面建成小康社会、全面深化改革、全面依法治国、全面从严治党战略布局的重要举措，是实现"两个一百年"奋斗目标、实现中华民族伟大复兴中国梦的重要保障。为贯彻落实习近平主席关于推进全球互联网治理体系变革的"四项原则"和构建网络空间命运共同体的"五点主张"，阐明中国关于网络空间发展和安全的重大立场，指导中国网络安全工作，维护国家在网络空间的主权、安全、发展利益，制定本战略。

一、机遇和挑战

（一）重大机遇

伴随信息革命的飞速发展，互联网、通信网、计算机系统、自动化控制系统、数字设备及其承载的应用、服务和数据等组成的网络空间，正在全面改变人们的生产生活方式，深刻影响人类社会历史发展进程。

信息传播的新渠道。网络技术的发展，突破了时空限制，拓展了传播范围，创新了传播手段，引发了传播格局的根本性变革。

网络已成为人们获取信息、学习交流的新渠道，成为人类知识传播的新载体。

生产生活的新空间。当今世界，网络深度融入人们的学习、生活、工作等方方面面，网络教育、创业、医疗、购物、金融等日益普及，越来越多的人通过网络交流思想、成就事业、实现梦想。

经济发展的新引擎。互联网日益成为创新驱动发展的先导力量，信息技术在国民经济各行业广泛应用，推动传统产业改造升级，催生了新技术、新业态、新产业、新模式，促进了经济结构调整和经济发展方式转变，为经济社会发展注入了新的动力。

文化繁荣的新载体。网络促进了文化交流和知识普及，释放了文化发展活力，推动了文化创新创造，丰富了人们精神文化生活，已经成为传播文化的新途径、提供公共文化服务的新手段。网络文化已成为文化建设的重要组成部分。

社会治理的新平台。网络在推进国家治理体系和治理能力现代化方面的作用日益凸显，电子政务应用走向深入，政府信息公开共享，推动了政府决策科学化、民主化、法治化，畅通了公民参与社会治理的渠道，成为保障公民知情权、参与权、表达权、监督权的重要途径。

交流合作的新纽带。信息化与全球化交织发展，促进了信息、资金、技术、人才等要素的全球流动，增进了不同文明交流融合。网络让世界变成了地球村，国际社会越来越成为你中有我、我中有你的命运共同体。

国家主权的新疆域。网络空间已经成为与陆地、海洋、天空、太空同等重要的人类活动新领域，国家主权拓展延伸到网络空间，网络空间主权成为国家主权的重要组成部分。尊重网络空间主权，维护网络安全，谋求共治，实现共赢，正在成为国际社会共识。

（二）严峻挑战

网络安全形势日益严峻，国家政治、经济、文化、社会、国防安全及公民在网络空间的合法权益面临严峻风险与挑战。

网络渗透危害政治安全。政治稳定是国家发展、人民幸福的基本前提。利用网络干涉他国内政、攻击他国政治制度、煽动社会动乱、颠覆他国政权，以及大规模网络监控、网络窃密等活动严重危害国家政治安全和用户信息安全。

网络攻击威胁经济安全。网络和信息系统已经成为关键基础设施乃至整个经济社会的神经中枢，遭受攻击破坏、发生重大安全事件，将导致能源、交通、通信、金融等基础设施瘫痪，造成灾难性后果，严重危害国家经济安全和公共利益。

网络有害信息侵蚀文化安全。网络上各种思想文化相互激荡、交锋，优秀传统文化和主流价值观面临冲击。网络谣言、颓废文化和淫秽、暴力、迷信等违背社会主义核心价值观的有害信息侵蚀青少年身心健康，败坏社会风气，误导价值取向，危害文化安全。网上道德失范、诚信缺失现象频发，网络文明程度亟待提高。

网络恐怖和违法犯罪破坏社会安全。恐怖主义、分裂主义、极端主义等势力利用网络煽动、策划、组织和实施暴力恐怖活动，直接威胁人民生命财产安全、社会秩序。计算机病毒、木马等在网络空间传播蔓延，网络欺诈、黑客攻击、侵犯知识产权、滥用个人信息等不法行为大量存在，一些组织肆意窃取用户信息、交易数据、位置信息以及企业商业秘密，严重损害国家、企业和个人利益，影响社会和谐稳定。

网络空间的国际竞争方兴未艾。国际上争夺和控制网络空间战略资源、抢占规则制定权和战略制高点、谋求战略主动权的竞争日趋激烈。个别国家强化网络威慑战略，加剧网络空间军备竞赛，世界和平受到新的挑战。

网络空间机遇和挑战并存，机遇大于挑战。必须坚持积极利用、科学发展、依法管理、确保安全，坚决维护网络安全，最大限度利用网络空间发展潜力，更好惠及13亿多中国人民，造福全人类，坚定维护世界和平。

二、目标

以总体国家安全观为指导，贯彻落实创新、协调、绿色、开放、共享的发展理念，增强风险意识和危机意识，统筹国内国际两个大局，统筹发展安全两件大事，积极防御、有效应对，推进网络空间和平、安全、开放、合作、有序，维护国家主权、安全、发展利益，实现建设网络强国的战略目标。

和平：信息技术滥用得到有效遏制，网络空间军备竞赛等威胁国际和平的活动得到有效控制，网络空间冲突得到有效防范。

安全：网络安全风险得到有效控制，国家网络安全保障体系健全完善，核心技术装备安全可控，网络和信息系统运行稳定可靠。网络安全人才满足需求，全社会的网络安全意识、基本防护技能和利用网络的信心大幅提升。

开放：信息技术标准、政策和市场开放、透明，产品流通和信息传播更加顺畅，数字鸿沟日益弥合。不分大小、强弱、贫富，世界各国特别是发展中国家都能分享发展机遇、共享发展成果、公平参与网络空间治理。

合作：世界各国在技术交流、打击网络恐怖和网络犯罪等领域的合作更加密切，多边、民主、透明的国际互联网治理体系健全完善，以合作共赢为核心的网络空间命运共同体逐步形成。

有序：公众在网络空间的知情权、参与权、表达权、监督权等合法权益得到充分保障，网络空间个人隐私获得有效保护，人权受到充分尊重。网络空间的国内和国际法律体系、标准规范逐步建立，网络空间实现依法有效治理，网络环境诚信、文明、健康，信息自由流动与维护国家安全、公共利益实现有机统一。

三、原则

一个安全稳定繁荣的网络空间，对各国乃至世界都具有重大意义。中国愿与各国一道，加强沟通、扩大共识、深化合作，积极推进全球互联网治理体系变革，共同维护网络空间和平安全。

（一）尊重维护网络空间主权

网络空间主权不容侵犯，尊重各国自主选择发展道路、网络管理模式、互联网公共政策和平等参与国际网络空间治理的权利。各国主权范围内的网络事务由各国人民自己做主，各国有权根据本国国情，借鉴国际经验，制定有关网络空间的法律法规，依法采取必要措施，管理本国信息系统及本国疆域上的网络活动；保护本国信息系统和信息资源免受侵入、干扰、攻击和破坏，保障公民在网络空间的合法权益；防范、阻止和惩治危害国家安全和利益的有害信息在本国网络传播，维护网络空间秩序。任何国家都不搞网络霸权、不搞双重标准，不利用网络干涉他国内政，不从事、纵容或支持危害他国国家安全的网络活动。

（二）和平利用网络空间

和平利用网络空间符合人类的共同利益。各国应遵守《联合国宪章》关于不得使用或威胁使用武力的原则，防止信息技术被用于与维护国际安全与稳定相悖的目的，共同抵制网络空间军备竞赛、防范网络空间冲突。坚持相互尊重、平等相待，求同存异、包容互信，尊重彼此在网络空间的安全利益和重大关切，推动构建和谐网络世界。反对以国家安全为借口，利用技术优势控制他国网络和信息系统、收集和窃取他国数据，更不能以牺牲别国安全谋求自身所谓绝对安全。

（三）依法治理网络空间

全面推进网络空间法治化，坚持依法治网、依法办网、依法上网，让互联网在法治轨道上健康运行。依法构建良好网络秩序，保护网络空间信息依法有序自由流动，保护个人隐私，保护知识产权。任何组织和个人在网络空间享有自由、行使权利的同时，须遵守法律，尊重他人权利，对自己在网络上的言行负责。

（四）统筹网络安全与发展

没有网络安全就没有国家安全，没有信息化就没有现代化。网络安全和信息化是一体之两翼、驱动之双轮。正确处理发展和安全的关系，坚持以安全保发展，以发展促安全。安全是发展的前提，任何以牺牲安全为代价的发展都难以持续。发展是安全的基础，不发展是最大的不安全。没有信息化发展，网络安全也没有保障，已有的安全甚至会丧失。

四、战略任务

中国的网民数量和网络规模世界第一，维护好中国网络安全，不仅是自身需要，对于维护全球网络安全乃至世界和平都具有重大意义。中国致力于维护国家网络空间主权、安全、发展利益，推动互联网造福人类，推动网络空间和平利用和共同治理。

（一）坚定捍卫网络空间主权

根据宪法和法律法规管理我国主权范围内的网络活动，保护我国信息设施和信息资源安全，采取包括经济、行政、科技、法律、外交、军事等一切措施，坚定不移地维护我国网络空间主权。坚决反对通过网络颠覆我国国家政权、破坏我国国家主权的一切行为。

（二）坚决维护国家安全

防范、制止和依法惩治任何利用网络进行叛国、分裂国家、煽动叛乱、颠覆或者煽动颠覆人民民主专政政权的行为；防范、制止和依法惩治利用网络进行窃取、泄露国家秘密等危害国家安全的行为；防范、制止和依法惩治境外势力利用网络进行渗透、破坏、颠覆、分裂活动。

（三）保护关键信息基础设施

国家关键信息基础设施是指关系国家安全、国计民生，一旦数据泄露、遭到破坏或者丧失功能可能严重危害国家安全、公共利益的信息设施，包括但不限于提供公共通信、广播电视传输等服务的基础信息网络，能源、金融、交通、教育、科研、水利、工业制造、医疗卫生、社会保障、公用事业等领域和国家机关的重要信息系统，重要互联网应用系统等。采取一切必要措施保护关键信息基础设施及其重要数据不受攻击破坏。坚持技术和管理并重、保护和震慑并举，着眼识别、防护、检测、预警、响应、处置等环节，建立实施关键信息基础设施保护制度，从管理、技术、人才、资金等方面加大投入，依法综合施策，切实加强关键信息基础设施安全防护。

关键信息基础设施保护是政府、企业和全社会的共同责任，主管、运营单位和组织要按照法律法规、制度标准的要求，采取必要措施保障关键信息基础设施安全，逐步实现先评估后使用。加强关键信息基础设施风险评估。加强党政机关以及重点领域网站的安全防护，基层党政机关网站要按集约化模式建设运行和管理。建立政府、行业与企业的网络安全信息有序共享机制，充分发挥企业在保护关键信息基础设施中的重要作用。

坚持对外开放，立足开放环境下维护网络安全。建立实施网络安全审查制度，加强供应链安全管理，对党政机关、重点行业采购使用的重要信息技术产品和服务开展安全审查，提高产品和服务的安全性和可控性，防止产品服务提供者和其他组织利用信息技术优势实施不正当竞争或损害用户利益。

（四）加强网络文化建设

加强网上思想文化阵地建设，大力培育和践行社会主义核心价值观，实施网络内容建设工程，发展积极向上的网络文化，传播正能量，凝聚强大精神力量，营造良好网络氛围。鼓励拓展新业务、创作新产品，打造体现时代精神的网络文化品牌，不断提高网络文化产业规模水平。实施中华优秀文化网上传播工程，积极推动优秀传统文化和当代文化精品的数字化、网络化制作和传播。发挥互联网传播平台优势，推动中外优秀文化交流互鉴，让各国人民了解中华优秀文化，让中国人民了解各国优秀文化，共同推动网络文化繁荣发展，丰富人们精神世界，促进人类文明进步。

加强网络伦理、网络文明建设，发挥道德教化引导作用，用人类文明优秀成果滋养网络空间、修复网络生态。建设文明诚信的网络环境，倡导文明办网、文明上网，形成安全、文明、有序的信息传播秩序。坚决打击谣言、淫秽、暴力、迷信、邪教等违法有害信息在网络空间传播蔓延。提高青少年网络文明素养，加强对未成年人上网保护，通过政府、社会组织、社区、学校、家庭等方面的共同努力，为青少年健康成长创造良好的网络环境。

（五）打击网络恐怖和违法犯罪

加强网络反恐、反间谍、反窃密能力建设，严厉打击网络恐怖和网络间谍活动。

坚持综合治理、源头控制、依法防范，严厉打击网络诈骗、网络盗窃、贩枪贩毒、侵害公民个人信息、传播淫秽色情、黑客攻击、侵犯知识产权等违法犯罪行为。

（六）完善网络治理体系

坚持依法、公开、透明管网治网，切实做到有法可依、有法必依、执法必严、违法必究。健全网络安全法律法规体系，制定出台网络安全法、未成年人网络保护条例等法律法规，明确社会各方面的责任和义务，明确网络安全管理要求。加快对现行法律的修订和解释，使之适用于网络空间。完善网络安全相关制度，建立网络信任体系，提高网络安全管理的科学化规范化水平。

加快构建法律规范、行政监管、行业自律、技术保障、公众监督、社会教育相结合的网络治理体系，推进网络社会组织管理创新，健全基础管理、内容管理、行业管理以及网络违法犯罪防范和打击等工作联动机制。加强网络空间通信秘密、言论自由、商业秘密，以及名誉权、财产权等合法权益的保护。

鼓励社会组织等参与网络治理，发展网络公益事业，加强新型网络社会组织建设。鼓励网民举报网络违法行为和不良信息。

（七）夯实网络安全基础

坚持创新驱动发展，积极创造有利于技术创新的政策环境，统筹资源和力量，以企业为主体，产学研用相结合，协同攻关、以点带面、整体推进，尽快在核心技术上取得突破。重视软件安全，加快安全可信产品推广应用。发展网络基础设施，丰富网络空间信息内容。实施"互联网+"行动，大力发展网络经济。实施国家大数据战略，建立大数据安全管理制度，支持大数据、云计算等新一代信息技术创新和应用。优化市场环境，鼓励网络安全企业做大做强，为保障国家网络安全夯实产业基础。

建立完善国家网络安全技术支撑体系。加强网络安全基础理论和重大问题研究。加强网络安全标准化和认证认可工作，更多地利用标准规范网络空间行为。做好等级保护、风险评估、漏洞发现等基础性工作，完善网络安全监测预警和网络安全重大事件应急处置机制。

实施网络安全人才工程，加强网络安全学科专业建设，打造一流网络安全学院和创新园区，形成有利于人才培养和创新创业的生态环境。办好网络安全宣传周活动，大力开展全民网络安全宣传教育。推动网络安全教育进教材、进学校、进课堂，提高网络媒介素养，增强全社会网络安全意识和防护技能，提高广大网民对网络违法有害信息、网络欺诈等违法犯罪活动的辨识和抵御能力。

（八）提升网络空间防护能力

网络空间是国家主权的新疆域。建设与我国国际地位相称、与网络强国相适应的网络空间防护力量，大力发展网络安全防御手段，及时发现和抵御网络入侵，铸造维护国家网络安全的坚强后盾。

(九) 强化网络空间国际合作

在相互尊重、相互信任的基础上，加强国际网络空间对话合作，推动互联网全球治理体系变革。深化同各国的双边、多边网络安全对话交流和信息沟通，有效管控分歧，积极参与全球和区域组织网络安全合作，推动互联网地址、根域名服务器等基础资源管理国际化。

支持联合国发挥主导作用，推动制定各方普遍接受的网络空间国际规则、网络空间国际反恐公约，健全打击网络犯罪司法协助机制，深化在政策法律、技术创新、标准规范、应急响应、关键信息基础设施保护等领域的国际合作。

加强对发展中国家和落后地区互联网技术普及和基础设施建设的支持援助，努力弥合数字鸿沟。推动"一带一路"建设，提高国际通信互联互通水平，畅通信息丝绸之路。搭建世界互联网大会等全球互联网共享共治平台，共同推动互联网健康发展。通过积极有效的国际合作，建立多边、民主、透明的国际互联网治理体系，共同构建和平、安全、开放、合作、有序的网络空间。

公共互联网网络安全威胁监测与处置办法

工业和信息化部关于印发

《公共互联网网络安全威胁监测与处置办法》的通知

工信部网安〔2017〕202 号

各省、自治区、直辖市通信管理局，中国电信集团公司、中国移动通信集团公司、中国联合网络通信集团有限公司，国家计算机网络应急技术处理协调中心、中国信息通信研究院、国家工业信息安全发展研究中心、中国互联网协会，域名注册管理和服务机构、互联网企业、网络安全企业：

为深入贯彻习近平总书记关于网络安全的重要讲话精神，积极应对严峻复杂的网络安全形势，进一步健全公共互联网网络安全威胁监测与处置机制，维护公民、法人和其他组织的合法权益，根据《中华人民共和国网络安全法》等有关法律法规，制定《公共互联网网络安全威胁监测与处置办法》。现印发给你们，请结合实际，切实抓好贯彻落实。

工业和信息化部

2017 年 8 月 9 日

第一条 为加强和规范公共互联网网络安全威胁监测与处置

工作，消除安全隐患，制止攻击行为，避免危害发生，降低安全风险，维护网络秩序和公共利益，保护公民、法人和其他组织的合法权益，根据《中华人民共和国网络安全法》《全国人民代表大会常务委员会关于加强网络信息保护的决定》《中华人民共和国电信条例》等有关法律法规和工业和信息化部职责，制定本办法。

第二条　本办法所称公共互联网网络安全威胁是指公共互联网上存在或传播的、可能或已经对公众造成危害的网络资源、恶意程序、安全隐患或安全事件，包括：

（一）被用于实施网络攻击的恶意 IP 地址、恶意域名、恶意 URL、恶意电子信息，包括木马和僵尸网络控制端，钓鱼网站，钓鱼电子邮件、短信/彩信、即时通信等；

（二）被用于实施网络攻击的恶意程序，包括木马、病毒、僵尸程序、移动恶意程序等；

（三）网络服务和产品中存在的安全隐患，包括硬件漏洞、代码漏洞、业务逻辑漏洞、弱口令、后门等；

（四）网络服务和产品已被非法入侵、非法控制的网络安全事件，包括主机受控、数据泄露、网页篡改等；

（五）其他威胁网络安全或存在安全隐患的情形。

第三条　工业和信息化部负责组织开展全国公共互联网网络安全威胁监测与处置工作。各省、自治区、直辖市通信管理局负责组织开展本行政区域内公共互联网网络安全威胁监测与处置工作。工业和信息化部和各省、自治区、直辖市通信管理局以下统称为电信主管部门。

第四条　网络安全威胁监测与处置工作坚持及时发现、科学认定、有效处置的原则。

第五条　相关专业机构、基础电信企业、网络安全企业、互联网企业、域名注册管理和服务机构等应当加强网络安全威胁监测与处置工作，明确责任部门、责任人和联系人，加强相关技术手段建设，不断提高网络安全威胁监测与处置的及时性、准确性和有效性。

第六条　相关专业机构、基础电信企业、网络安全企业、互联网企业、域名注册管理和服务机构等监测发现网络安全威胁后，属于本单位自身问题的，应当立即进行处置，涉及其他主体的，应当及时将有关信息按照规定的内容要素和格式提交至工业和信息化部和相关省、自治区、直辖市通信管理局。

工业和信息化部建立网络安全威胁信息共享平台，统一汇集、存储、分析、通报、发布网络安全威胁信息；制定相关接口规范，与相关单位网络安全监测平台实现对接。国家计算机网络应急技术处理协调中心负责平台建设和运行维护工作。

第七条　电信主管部门委托国家计算机网络应急技术处理协调中心、中国信息通信研究院等专业机构对相关单位提交的网络安全威胁信息进行认定，并提出处置建议。认定工作应当坚持科学严谨、公平公正、及时高效的原则。电信主管部门对参与认定工作的专业机构和人员加强管理与培训。

第八条　电信主管部门对专业机构的认定和处置意见进行审查后，可以对网络安全威胁采取以下一项或多项处置措施：

（一）通知基础电信企业、互联网企业、域名注册管理和服务机构等，由其对恶意 IP 地址（或宽带接入账号）、恶意域名、恶意 URL、恶意电子邮件账号或恶意手机号码等，采取停止服务或屏蔽等措施。

（二）通知网络服务提供者，由其清除本单位网络、系统或网站中存在的可能传播扩散的恶意程序。

（三）通知存在漏洞、后门或已经被非法入侵、控制、篡改的网络服务和产品的提供者，由其采取整改措施，消除安全隐患；对涉及党政机关和关键信息基础设施的，同时通报其上级主管单位和网信部门。

（四）其他可以消除、制止或控制网络安全威胁的技术措施。

电信主管部门的处置通知应当通过书面或可验证来源的电子方式等形式送达相关单位，紧急情况下，可先电话通知，后补书面通知。

第九条 基础电信企业、互联网企业、域名注册管理和服务机构等应当为电信主管部门依法查询 IP 地址归属、域名注册等信息提供技术支持和协助，并按照电信主管部门的通知和时限要求采取相应处置措施，反馈处置结果。负责网络安全威胁认定的专业机构应当对相关处置情况进行验证。

第十条 相关组织或个人对按照本办法第八条第（一）款采取的处置措施不服的，有权在 10 个工作日内向做出处置决定的电信主管部门进行申诉。相关电信主管部门接到申诉后应当及时组织核查，并在 30 个工作日内予以答复。

第十一条 鼓励相关单位以行业自律或技术合作、技术服务等形式开展网络安全威胁监测与处置工作，并对处置行为负责，监测与处置结果应当及时报送电信主管部门。

第十二条 基础电信企业、互联网企业、域名注册管理和服务机构等未按照电信主管部门通知要求采取网络安全威胁处置措施的，由电信主管部门依据《中华人民共和国网络安全法》第五十六条、第五十九条、第六十条、第六十八条等规定进行约谈或给予警告、罚款等行政处罚。

第十三条 造成或可能造成严重社会危害或影响的公共互联网网络安全突发事件的监测与处置工作，按照国家和电信主管部门有关应急预案执行。

第十四条 各省、自治区、直辖市通信管理局可参照本办法制定本行政区域网络安全威胁监测与处置办法实施细则。

第十五条 本办法自 2018 年 1 月 1 日起实施。2009 年 4 月 13 日印发的《木马和僵尸网络监测与处置机制》和 2011 年 12 月 9 日印发的《移动互联网恶意程序监测与处置机制》同时废止。

公共互联网网络安全突发事件应急预案

工业和信息化部关于印发

《公共互联网网络安全突发事件应急预案》的通知

工信部网安〔2017〕281号

各省、自治区、直辖市通信管理局，中国电信集团公司、中国移动通信集团公司、中国联合网络通信集团有限公司，国家计算机网络应急技术处理协调中心、中国信息通信研究院、中国软件评测中心、国家工业信息安全发展研究中心，域名注册管理和服务机构、互联网企业、网络安全企业：

为进一步健全公共互联网网络安全突发事件应急机制，提升应对能力，根据《中华人民共和国网络安全法》《国家网络安全事件应急预案》等，制定《公共互联网网络安全突发事件应急预案》。现印发给你们，请结合实际，切实抓好贯彻落实。

工业和信息化部

2017年11月14日

1. 总则

1.1 编制目的

建立健全公共互联网网络安全突发事件应急组织体系和工作

机制，提高公共互联网网络安全突发事件综合应对能力，确保及时有效地控制、减轻和消除公共互联网网络安全突发事件造成的社会危害和损失，保证公共互联网持续稳定运行和数据安全，维护国家网络空间安全，保障经济运行和社会秩序。

1.2 编制依据

《中华人民共和国突发事件应对法》《中华人民共和国网络安全法》《中华人民共和国电信条例》等法律法规和《国家突发公共事件总体应急预案》《国家网络安全事件应急预案》等相关规定。

1.3 适用范围

本预案适用于面向社会提供服务的基础电信企业、域名注册管理和服务机构（以下简称域名机构）、互联网企业（含工业互联网平台企业）发生网络安全突发事件的应对工作。

本预案所称网络安全突发事件，是指突然发生的，由网络攻击、网络入侵、恶意程序等导致的，造成或可能造成严重社会危害或影响，需要电信主管部门组织采取应急处置措施予以应对的网络中断（拥塞）、系统瘫痪（异常）、数据泄露（丢失）、病毒传播等事件。

本预案所称电信主管部门包括工业和信息化部及各省（自治区、直辖市）通信管理局。

工业和信息化部对国家重大活动期间网络安全突发事件应对工作另有规定的，从其规定。

1.4 工作原则

公共互联网网络安全突发事件应急工作坚持统一领导、分级负责；坚持统一指挥、密切协同、快速反应、科学处置；坚持预防为主，预防与应急相结合；落实基础电信企业、域名机构、互联网服务提供者的主体责任；充分发挥网络安全专业机构、网络安全企业和专家学者等各方面力量的作用。

2. 组织体系

2.1　领导机构与职责

在中央网信办统筹协调下，工业和信息化部网络安全和信息化领导小组（以下简称部领导小组）统一领导公共互联网网络安全突发事件应急管理工作，负责特别重大公共互联网网络安全突发事件的统一指挥和协调。

2.2　办事机构与职责

在中央网信办下设的国家网络安全应急办公室统筹协调下，在部领导小组统一领导下，工业和信息化部网络安全应急办公室（以下简称部应急办）负责公共互联网网络安全应急管理事务性工作；及时向部领导小组报告突发事件情况，提出特别重大网络安全突发事件应对措施建议；负责重大网络安全突发事件的统一指挥和协调；根据需要协调较大、一般网络安全突发事件应对工作。

部应急办具体工作由工业和信息化部网络安全管理局承担，有关单位明确负责人和联络员参与部应急办工作。

2.3　其他相关单位职责

各省（自治区、直辖市）通信管理局负责组织、指挥、协调本行政区域相关单位开展公共互联网网络安全突发事件的预防、监测、报告和应急处置工作。

基础电信企业、域名机构、互联网企业负责本单位网络安全突发事件预防、监测、报告和应急处置工作，为其他单位的网络安全突发事件应对提供技术支持。

国家计算机网络应急技术处理协调中心、中国信息通信研究院、中国软件评测中心、国家工业信息安全发展研究中心（以下统称网络安全专业机构）负责监测、报告公共互联网网络安全突发事件和预警信息，为应急工作提供决策支持和技术支撑。

鼓励网络安全企业支撑参与公共互联网网络安全突发事件应对工作。

3. 事件分级

根据社会影响范围和危害程度，公共互联网网络安全突发事件分为四级：特别重大事件、重大事件、较大事件、一般事件。

3.1 特别重大事件

符合下列情形之一的，为特别重大网络安全事件：

（1）全国范围大量互联网用户无法正常上网；

（2）.CN 国家顶级域名系统解析效率大幅下降；

（3）1 亿以上互联网用户信息泄露；

（4）网络病毒在全国范围大面积爆发；

（5）其他造成或可能造成特别重大危害或影响的网络安全事件。

3.2 重大事件

符合下列情形之一的，为重大网络安全事件：

（1）多个省大量互联网用户无法正常上网；

（2）在全国范围有影响力的网站或平台访问出现严重异常；

（3）大型域名解析系统访问出现严重异常；

（4）1 千万以上互联网用户信息泄露；

（5）网络病毒在多个省范围内大面积爆发；

（6）其他造成或可能造成重大危害或影响的网络安全事件。

3.3 较大事件

符合下列情形之一的，为较大网络安全事件：

（1）1个省内大量互联网用户无法正常上网；

（2）在省内有影响力的网站或平台访问出现严重异常；

（3）1百万以上互联网用户信息泄露；

（4）网络病毒在1个省范围内大面积爆发；

（5）其他造成或可能造成较大危害或影响的网络安全事件。

3.4 一般事件

符合下列情形之一的，为一般网络安全事件：

（1）1个地市大量互联网用户无法正常上网；

（2）10万以上互联网用户信息泄露；

（3）其他造成或可能造成一般危害或影响的网络安全事件。

4. 监测预警

4.1 事件监测

基础电信企业、域名机构、互联网企业应当对本单位网络和系统的运行状况进行密切监测，一旦发生本预案规定的网络安全突发事件，应当立即通过电话等方式向部应急办和相关省（自治区、直辖市）通信管理局报告，不得迟报、谎报、瞒报、漏报。

网络安全专业机构、网络安全企业应当通过多种途径监测、收集已经发生的公共互联网网络安全突发事件信息，并及时向部应急办和相关省（自治区、直辖市）通信管理局报告。

报告突发事件信息时，应当说明事件发生时间、初步判定的影响范围和危害、已采取的应急处置措施和有关建议。

4.2 预警监测

基础电信企业、域名机构、互联网企业、网络安全专业机构、网络安全企业应当通过多种途径监测、收集漏洞、病毒、网络攻击最新动向等网络安全隐患和预警信息，对发生突发事件的可能性及其可能造成的影响进行分析评估；认为可能发生特别重大或重大突发事件的，应当立即向部应急办报告；认为可能发生较大或一般突发事件的，应当立即向相关省（自治区、直辖市）通信管理局报告。

4.3 预警分级

建立公共互联网网络突发事件预警制度，按照紧急程度、发展态势和可能造成的危害程度，公共互联网网络突发事件预警等级分为四级：由高到低依次用红色、橙色、黄色和蓝色标示，分别对应可能发生特别重大、重大、较大和一般网络安全突发事件。

4.4 预警发布

部应急办和各省（自治区、直辖市）通信管理局应当及时汇总分析突发事件隐患和预警信息，必要时组织相关单位、专业技术人员、专家学者进行会商研判。

认为需要发布红色预警的，由部应急办报国家网络安全应急办公室统一发布（或转发国家网络安全应急办公室发布的红色预警），并报部领导小组；认为需要发布橙色预警的，由部应急办统一发布，并报国家网络安全应急办公室和部领导小组；认为需要发布黄色、蓝色预警的，相关省（自治区、直辖市）通信管理局可在本行政区域内发布，并报部应急办，同时通报地方相关部门。对达不到预警级别但又需要发布警示信息的，部应急办和各省（自治区、直辖市）通信管理局可以发布风险提示信息。

发布预警信息时，应当包括预警级别、起始时间、可能的影响范围和造成的危害、应采取的防范措施、时限要求和发布机关等，并公布咨询电话。面向社会发布预警信息可通过网站、短信、微信等多种形式。

4.5 预警响应

4.5.1 黄色、蓝色预警响应

发布黄色、蓝色预警后，相关省（自治区、直辖市）通信管理局应当针对即将发生的网络安全突发事件的特点和可能造成的危害，采取下列措施：

（1）要求有关单位、机构和人员及时收集、报告有关信息，加强网络安全风险的监测；

（2）组织有关单位、机构和人员加强事态跟踪分析评估，密切关注事态发展，重要情况报部应急办；

（3）及时宣传避免、减轻危害的措施，公布咨询电话，并对相关信息的报道工作进行正确引导。

4.5.2 红色、橙色预警响应

发布红色、橙色预警后，部应急办除采取黄色、蓝色预警响应措施外，还应当针对即将发生的网络安全突发事件的特点和可能造成的危害，采取下列措施：

（1）要求各相关单位实行 24 小时值班，相关人员保持通信联络畅通；

（2）组织研究制定防范措施和应急工作方案，协调调度各方资源，做好各项准备工作，重要情况报部领导小组；

（3）组织有关单位加强对重要网络、系统的网络安全防护；

（4）要求相关网络安全专业机构、网络安全企业进入待命状态，针对预警信息研究制定应对方案，检查应急设备、软件工具等，确保处于良好状态。

4.6 预警解除

部应急办和省（自治区、直辖市）通信管理局发布预警后，应当根据事态发展，适时调整预警级别并按照权限重新发布；经研判不可能发生突发事件或风险已经解除的，应当及时宣布解除预警，并解除已经采取的有关措施。相关省（自治区、直辖市）通信管理局解除黄色、蓝色预警后，应及时向部应急办报告。

5. 应急处置

5.1 响应分级

公共互联网网络安全突发事件应急响应分为四级：Ⅰ级、Ⅱ级、Ⅲ级、Ⅳ级，分别对应已经发生的特别重大、重大、较大、一般事件的应急响应。

5.2 先行处置

公共互联网网络安全突发事件发生后，事发单位在按照本预案规定立即向电信主管部门报告的同时，应当立即启动本单位应急预案，组织本单位应急队伍和工作人员采取应急处置措施，尽最大努力恢复网络和系统运行，尽可能减少对用户和社会的影响，同时注意保存网络攻击、网络入侵或网络病毒的证据。

5.3 启动响应

Ⅰ级响应根据国家有关决定或经部领导小组批准后启动，由部领导小组统一指挥、协调。

Ⅱ级响应由部应急办决定启动，由部应急办统一指挥、协调。

Ⅲ级、Ⅳ级响应由相关省（自治区、直辖市）通信管理局决定启动，并负责指挥、协调。

启动Ⅰ级、Ⅱ级响应后，部应急办立即将突发事件情况向国家网络安全应急办公室等报告；部应急办和相关单位进入应急状态，实行 24 小时值班，相关人员保持联络畅通，相关单位派员参加部应急办工作；视情在部应急办设立应急恢复、攻击溯源、影响评估、信息发布、跨部门协调、国际协调等工作组。

启动 III 级、IV 级响应后，相关省（自治区、直辖市）通信管理局应及时将相关情况报部应急办。

5.4　事态跟踪

启动 I 级、II 级响应后，事发单位和网络安全专业机构、网络安全企业应当持续加强监测，跟踪事态发展，检查影响范围，密切关注舆情，及时将事态发展变化、处置进展情况、相关舆情报部应急办。省（自治区、直辖市）通信管理局立即全面了解本行政区域受影响情况，并及时报部应急办。基础电信企业、域名机构、互联网企业立即了解自身网络和系统受影响情况，并及时报部应急办。

启动 III 级、IV 级响应后，相关省（自治区、直辖市）通信管理局组织相关单位加强事态跟踪研判。

5.5　决策部署

启动 I 级、II 级响应后，部领导小组或部应急办紧急召开会议，听取各相关方面情况汇报，研究紧急应对措施，对应急处置工作进行决策部署。

针对突发事件的类型、特点和原因，要求相关单位采取以下措施：带宽紧急扩容、控制攻击源、过滤攻击流量、修补漏洞、查杀病毒、关闭端口、启用备份数据、暂时关闭相关系统等；对大规模用户信息泄露事件，要求事发单位及时告知受影响的用户，并告知用户减轻危害的措施；防止发生次生、衍生事件的必要措施；其他可以控制和减轻危害的措施。

做好信息报送。及时向国家网络安全应急办公室等报告突发事件处置进展情况;视情况由部应急办向相关职能部门、相关行业主管部门通报突发事件有关情况,必要时向相关部门请求提供支援。视情况向外国政府部门通报有关情况并请求协助。

注重信息发布。及时向社会公众通告突发事件情况,宣传避免或减轻危害的措施,公布咨询电话,引导社会舆论。未经部应急办同意,各相关单位不得擅自向社会发布突发事件相关信息。

启动Ⅲ级、Ⅳ级响应后,相关省(自治区、直辖市)通信管理局组织相关单位开展处置工作。处置中需要其他区域提供配合和支持的,接受请求的省(自治区、直辖市)通信管理局应当在权限范围内积极配合并提供必要的支持;必要时可报请部应急办予以协调。

5.6 结束响应

突发事件的影响和危害得到控制或消除后,Ⅰ级响应根据国家有关决定或经部领导小组批准后结束;Ⅱ级响应由部应急办决定结束,并报部领导小组;Ⅲ级、Ⅳ级响应由相关省(自治区、直辖市)通信管理局决定结束,并报部应急办。

6. 事后总结

6.1 调查评估

公共互联网网络安全突发事件应急响应结束后,事发单位要及时调查突发事件的起因(包括直接原因和间接原因)、经过、责任,评估突发事件造成的影响和损失,总结突发事件防范和应急处置工作的经验教训,提出处理意见和改进措施,在应急响应结束后10个工作日内形成总结报告,报电信主管部门。电信主管部门汇总并研究后,在应急响应结束后20个工作日内形成报告,按程序上报。

6.2 奖惩问责

工业和信息化部对网络安全突发事件应对工作中作出突出贡献的先进集体和个人给予表彰或奖励。

对不按照规定制定应急预案和组织开展演练，迟报、谎报、瞒报和漏报突发事件重要情况，或在预防、预警和应急工作中有其他失职、渎职行为的单位或个人，由电信主管部门给予约谈、通报或依法、依规给予问责或处分。基础电信企业有关情况纳入企业年度网络与信息安全责任考核。

7. 预防与应急准备

7.1 预防保护

基础电信企业、域名机构、互联网企业应当根据有关法律法规和国家、行业标准的规定，建立健全网络安全管理制度，采取网络安全防护技术措施，建设网络安全技术手段，定期进行网络安全检查和风险评估，及时消除隐患和风险。电信主管部门依法开展网络安全监督检查，指导督促相关单位消除安全隐患。

7.2 应急演练

电信主管部门应当组织开展公共互联网网络安全突发事件应急演练，提高相关单位网络安全突发事件应对能力。基础电信企业、大型互联网企业、域名机构要积极参与电信主管部门组织的应急演练，并应每年组织开展一次本单位网络安全应急演练，应急演练情况要向电信主管部门报告。

7.3 宣传培训

电信主管部门、网络安全专业机构组织开展网络安全应急相关法律法规、应急预案和基本知识的宣传教育和培训，提高相关企业和社会公众的网络安全意识和防护、应急能力。基础电信企业、域名机构、互联网企业要面向本单位员工加强网络安全应急宣传教育和培训。鼓励开展各种形式的网络安全竞赛。

7.4 手段建设

工业和信息化部规划建设统一的公共互联网网络安全应急指挥平台，汇集、存储、分析有关突发事件的信息，开展应急指挥调度。指导基础电信企业、大型互联网企业、域名机构和网络安全专业机构等单位规划建设本单位突发事件信息系统，并与工业和信息化部应急指挥平台实现互联互通。

7.5 工具配备

基础电信企业、域名机构、互联网企业和网络安全专业机构应加强对木马查杀、漏洞检测、网络扫描、渗透测试等网络安全应急装备、工具的储备，及时调整、升级软件硬件工具。鼓励研制开发相关技术装备和工具。

8. 保障措施

8.1 落实责任

各省（自治区、直辖市）通信管理局、基础电信企业、域名机构、互联网企业、网络安全专业机构要落实网络安全应急工作责任制，把责任落实到单位领导、具体部门、具体岗位和个人，建立健全本单位网络安全应急工作体制机制。

8.2 经费保障

工业和信息化部为部应急办、各省（自治区、直辖市）通信管理局、网络安全专业机构开展公共互联网网络安全突发事件应对工作提供必要的经费保障。基础电信企业、域名机构、大型互联网企业应当安排专项资金，支持本单位网络安全应急队伍建设、手段建设、应急演练、应急培训等工作开展。

8.3 队伍建设

网络安全专业机构要加强网络安全应急技术支撑队伍建设，不断提升网络安全突发事件预防保护、监测预警、应急处置、攻击溯源等能力。基础电信企业、域名机构、大型互联网企业要建立专门的网络安全应急队伍，提升本单位网络安全应急能力。支持网络安全企业提升应急支撑能力，促进网络安全应急产业发展。

8.4 社会力量

建立工业和信息化部网络安全应急专家组，充分发挥专家在应急处置工作中的作用。从网络安全专业机构、相关企业、科研院所、高等学校中选拔网络安全技术人才，形成网络安全技术人才库。

8.5 国际合作

工业和信息化部根据职责建立国际合作渠道，签订国际合作协议，必要时通过国际合作应对公共互联网网络安全突发事件。鼓励网络安全专业机构、基础电信企业、域名机构、互联网企业、网络安全企业开展网络安全国际交流与合作。

9. 附则

9.1 预案管理

本预案原则上每年评估一次，根据实际情况由工业和信息化部适时进行修订。

各省（自治区、直辖市）通信管理局要根据本预案，结合实际制定或修订本行政区域公共互联网网络安全突发事件应急预案，并报工业和信息化部备案。

基础电信企业、域名机构、互联网企业要制定本单位公共互联网网络安全突发事件应急预案。基础电信企业、域名机构、大型互联网企业的应急预案要向电信主管部门备案。

9.2 预案解释

本预案由工业和信息化部网络安全管理局负责解释。

9.3 预案实施时间

本预案自印发之日起实施。2009 年 9 月 29 日印发的《公共互联网网络安全应急预案》同时废止。

国家网络安全事件应急预案

中央网信办关于印发《国家网络安全事件应急预案》的通知

中网办发文〔2017〕4号

各省、自治区、直辖市、新疆生产建设兵团党委网络安全和信息化领导小组，中央和国家机关各部委、各人民团体：

《国家网络安全事件应急预案》已经中央网络安全和信息化领导小组同意，现印发给你们，请认真组织实施。

中央网络安全和信息化领导小组办公室

2017年1月10日

1　总则

1.1　编制目的

建立健全国家网络安全事件应急工作机制，提高应对网络安全事件能力，预防和减少网络安全事件造成的损失和危害，保护公众利益，维护国家安全、公共安全和社会秩序。

1.2　编制依据

《中华人民共和国突发事件应对法》、《中华人民共和国网络安全法》、《国家突发公共事件总体应急预案》、《突发事件应急预案管理办法》和《信息安全技术信息安全事件分类分级指南》（GB/Z 20986-2007）等相关规定。

1.3　适用范围

本预案所指网络安全事件是指由于人为原因、软硬件缺陷或故障、自然灾害等，对网络和信息系统或者其中的数据造成危害，对社会造成负面影响的事件，可分为有害程序事件、网络攻击事件、信息破坏事件、信息内容安全事件、设备设施故障、灾害性事件和其他事件。

本预案适用于网络安全事件的应对工作。其中，有关信息内容安全事件的应对，另行制定专项预案。

1.4　事件分级

网络安全事件分为四级：特别重大网络安全事件、重大网络安全事件、较大网络安全事件、一般网络安全事件。

（1）符合下列情形之一的，为特别重大网络安全事件：

①重要网络和信息系统遭受特别严重的系统损失，造成系统大面积瘫痪，丧失业务处理能力。

②国家秘密信息、重要敏感信息和关键数据丢失或被窃取、篡改、假冒，对国家安全和社会稳定构成特别严重威胁。

③其他对国家安全、社会秩序、经济建设和公众利益构成特别严重威胁、造成特别严重影响的网络安全事件。

（2）符合下列情形之一且未达到特别重大网络安全事件的，为重大网络安全事件：

①重要网络和信息系统遭受严重的系统损失，造成系统长时间中断或局部瘫痪，业务处理能力受到极大影响。

②国家秘密信息、重要敏感信息和关键数据丢失或被窃取、篡改、假冒，对国家安全和社会稳定构成严重威胁。

③其他对国家安全、社会秩序、经济建设和公众利益构成严

重威胁、造成严重影响的网络安全事件。

（3）符合下列情形之一且未达到重大网络安全事件的，为较大网络安全事件：

①重要网络和信息系统遭受较大的系统损失，造成系统中断，明显影响系统效率，业务处理能力受到影响。

②国家秘密信息、重要敏感信息和关键数据丢失或被窃取、篡改、假冒，对国家安全和社会稳定构成较严重威胁。

③其他对国家安全、社会秩序、经济建设和公众利益构成较严重威胁、造成较严重影响的网络安全事件。

（4）除上述情形外，对国家安全、社会秩序、经济建设和公众利益构成一定威胁、造成一定影响的网络安全事件，为一般网络安全事件。

1.5 工作原则

坚持统一领导、分级负责；坚持统一指挥、密切协同、快速反应、科学处置；坚持预防为主，预防与应急相结合；坚持谁主管谁负责、谁运行谁负责，充分发挥各方面力量共同做好网络安全事件的预防和处置工作。

2 组织机构与职责

2.1 领导机构与职责

在中央网络安全和信息化领导小组（以下简称"领导小组"）的领导下，中央网络安全和信息化领导小组办公室（以下简称"中央网信办"）统筹协调组织国家网络安全事件应对工作，建立健全跨部门联动处置机制，工业和信息化部、公安部、国家保密局等相关部门按照职责分工负责相关网络安全事件应对工作。必要时成立国家网络安全事件应急指挥部（以下简称"指挥部"），负责特别重大网络安全事件处置的组织指挥和协调。

2.2　办事机构与职责

国家网络安全应急办公室（以下简称"应急办"）设在中央网信办，具体工作由中央网信办网络安全协调局承担。应急办负责网络安全应急跨部门、跨地区协调工作和指挥部的事务性工作，组织指导国家网络安全应急技术支撑队伍做好应急处置的技术支撑工作。有关部门派负责相关工作的司局级同志为联络员，联络应急办工作。

2.3　各部门职责

中央和国家机关各部门按照职责和权限，负责本部门、本行业网络和信息系统网络安全事件的预防、监测、报告和应急处置工作。

2.4　各省（区、市）职责

各省（区、市）网信部门在本地区党委网络安全和信息化领导小组统一领导下，统筹协调组织本地区网络和信息系统网络安全事件的预防、监测、报告和应急处置工作。

3　监测与预警

3.1　预警分级

网络安全事件预警等级分为四级：由高到低依次用红色、橙色、黄色和蓝色表示，分别对应发生或可能发生特别重大、重大、较大和一般网络安全事件。

3.2　预警监测

各单位按照"谁主管谁负责、谁运行谁负责"的要求，组织对本单位建设运行的网络和信息系统开展网络安全监测工作。重点行业主管或监管部门组织指导做好本行业网络安全监测工作。各省（区、市）网信部门结合本地区实际，统筹组织开展对本地区网络和信息系统的安全监测工作。各省（区、市）、各部门将重要监测信息报应急办，应急办组织开展跨省（区、市）、跨部门的网络安全信息共享。

3.3 预警研判和发布

各省（区、市）、各部门组织对监测信息进行研判，认为需要立即采取防范措施的，应当及时通知有关部门和单位，对可能发生重大及以上网络安全事件的信息及时向应急办报告。各省（区、市）、各部门可根据监测研判情况，发布本地区、本行业的橙色及以下预警。

应急办组织研判，确定和发布红色预警和涉及多省（区、市）、多部门、多行业的预警。

预警信息包括事件的类别、预警级别、起始时间、可能影响范围、警示事项、应采取的措施和时限要求、发布机关等。

3.4 预警响应

3.4.1 红色预警响应

（1）应急办组织预警响应工作，联系专家和有关机构，组织对事态发展情况进行跟踪研判，研究制定防范措施和应急工作方案，协调组织资源调度和部门联动的各项准备工作。

（2）有关省（区、市）、部门网络安全事件应急指挥机构实行 24 小时值班，相关人员保持通信联络畅通。加强网络安全事件监测和事态发展信息搜集工作，组织指导应急支撑队伍、相关运行单位开展应急处置或准备、风险评估和控制工作，重要情况报应急办。

（3）国家网络安全应急技术支撑队伍进入待命状态，针对预警信息研究制定应对方案，检查应急车辆、设备、软件工具等，确保处于良好状态。

3.4.2　橙色预警响应

（1）有关省（区、市）、部门网络安全事件应急指挥机构启动相应应急预案，组织开展预警响应工作，做好风险评估、应急准备和风险控制工作。

（2）有关省（区、市）、部门及时将事态发展情况报应急办。应急办密切关注事态发展，有关重大事项及时通报相关省（区、市）和部门。

（3）国家网络安全应急技术支撑队伍保持联络畅通，检查应急车辆、设备、软件工具等，确保处于良好状态。

3.4.3　黄色、蓝色预警响应

有关地区、部门网络安全事件应急指挥机构启动相应应急预案，指导组织开展预警响应。

3.5　预警解除

预警发布部门或地区根据实际情况，确定是否解除预警，及时发布预警解除信息。

4　应急处置

4.1　事件报告

网络安全事件发生后，事发单位应立即启动应急预案，实施处置并及时报送信息。各有关地区、部门立即组织先期处置，控制事态，消除隐患，同时组织研判，注意保存证据，做好信息通报工作。对于初判为特别重大、重大网络安全事件的，立即报告应急办。

4.2 应急响应

网络安全事件应急响应分为四级，分别对应特别重大、重大、较大和一般网络安全事件。I级为最高响应级别。

4.2.1 I级响应

属特别重大网络安全事件的，及时启动I级响应，成立指挥部，履行应急处置工作的统一领导、指挥、协调职责。应急办24小时值班。

有关省（区、市）、部门应急指挥机构进入应急状态，在指挥部的统一领导、指挥、协调下，负责本省（区、市）、本部门应急处置工作或支援保障工作，24小时值班，并派员参加应急办工作。

有关省（区、市）、部门跟踪事态发展，检查影响范围，及时将事态发展变化情况、处置进展情况报应急办。指挥部对应对工作进行决策部署，有关省（区、市）和部门负责组织实施。

4.2.2 II级响应

网络安全事件的II级响应，由有关省（区、市）和部门根据事件的性质和情况确定。

（1）事件发生省（区、市）或部门的应急指挥机构进入应急状态，按照相关应急预案做好应急处置工作。

（2）事件发生省（区、市）或部门及时将事态发展变化情况报应急办。应急办将有关重大事项及时通报相关地区和部门。

（3）处置中需要其他有关省（区、市）、部门和国家网络安全应急技术支撑队伍配合和支持的，商应急办予以协调。相关省（区、市）、部门和国家网络安全应急技术支撑队伍应根据各自职责，积极配合、提供支持。

（4）有关省（区、市）和部门根据应急办的通报，结合各自实际有针对性地加强防范，防止造成更大范围影响和损失。

4.2.3 Ⅲ级、Ⅳ级响应

事件发生地区和部门按相关预案进行应急响应。

4.3 应急结束

4.3.1 Ⅰ级响应结束

应急办提出建议，报指挥部批准后，及时通报有关省（区、市）和部门。

4.3.2 Ⅱ级响应结束

由事件发生省（区、市）或部门决定，报应急办，应急办通报相关省（区、市）和部门。

5 调查与评估

特别重大网络安全事件由应急办组织有关部门和省（区、市）进行调查处理和总结评估，并按程序上报。重大及以下网络安全事件由事件发生地区或部门自行组织调查处理和总结评估，其中重大网络安全事件相关总结调查报告报应急办。总结调查报告应对事件的起因、性质、影响、责任等进行分析评估，提出处理意见和改进措施。

事件的调查处理和总结评估工作原则上在应急响应结束后30天内完成。

6 预防工作

6.1 日常管理

各地区、各部门按职责做好网络安全事件日常预防工作，制定完善相关应急预案，做好网络安全检查、隐患排查、风险评估和容灾备份，健全网络安全信息通报机制，及时采取有效措施，减少和避免网络安全事件的发生及危害，提高应对网络安全事件的能力。

6.2 演练

中央网信办协调有关部门定期组织演练，检验和完善预案，提高实战能力。

各省（区、市）、各部门每年至少组织一次预案演练，并将演练情况报中央网信办。

6.3 宣传

各地区、各部门应充分利用各种传播媒介及其他有效的宣传形式，加强突发网络安全事件预防和处置的有关法律、法规和政策的宣传，开展网络安全基本知识和技能的宣传活动。

6.4 培训

各地区、各部门要将网络安全事件的应急知识列为领导干部和有关人员的培训内容，加强网络安全特别是网络安全应急预案的培训，提高防范意识及技能。

6.5 重要活动期间的预防措施

在国家重要活动、会议期间，各省（区、市）、各部门要加强网络安全事件的防范和应急响应，确保网络安全。应急办统筹协调网络安全保障工作，根据需要要求有关省（区、市）、部门启动红色预警响应。有关省（区、市）、部门加强网络安全监测和分析研判，及时预警可能造成重大影响的风险和隐患，重点部门、重点岗位保持 24 小时值班，及时发现和处置网络安全事件隐患。

7 保障措施

7.1 机构和人员

各地区、各部门、各单位要落实网络安全应急工作责任制，把责任落实到具体部门、具体岗位和个人，并建立健全应急工作机制。

7.2 技术支撑队伍

加强网络安全应急技术支撑队伍建设，做好网络安全事件的监测预警、预防防护、应急处置、应急技术支援工作。支持网络安全企业提升应急处置能力，提供应急技术支援。中央网信办制定评估认定标准，组织评估和认定国家网络安全应急技术支撑队伍。各省（区、市）、各部门应配备必要的网络安全专业技术人才，并加强与国家网络安全相关技术单位的沟通、协调，建立必要的网络安全信息共享机制。

7.3 专家队伍

建立国家网络安全应急专家组，为网络安全事件的预防和处置提供技术咨询和决策建议。各地区、各部门加强各自的专家队伍建设，充分发挥专家在应急处置工作中的作用。

7.4 社会资源

从教育科研机构、企事业单位、协会中选拔网络安全人才，汇集技术与数据资源，建立网络安全事件应急服务体系，提高应对特别重大、重大网络安全事件的能力。

7.5 基础平台

各地区、各部门加强网络安全应急基础平台和管理平台建设，做到早发现、早预警、早响应，提高应急处置能力。

7.6 技术研发和产业促进

有关部门加强网络安全防范技术研究，不断改进技术装备，为应急响应工作提供技术支撑。加强政策引导，重点支持网络安全监测预警、预防防护、处置救援、应急服务等方向，提升网络安全应急产业整体水平与核心竞争力，增强防范和处置网络安全事件的产业支撑能力。

7.7　国际合作

有关部门建立国际合作渠道，签订合作协定，必要时通过国际合作共同应对突发网络安全事件。

7.8　物资保障

加强对网络安全应急装备、工具的储备，及时调整、升级软件硬件工具，不断增强应急技术支撑能力。

7.9　经费保障

财政部门为网络安全事件应急处置提供必要的资金保障。有关部门利用现有政策和资金渠道，支持网络安全应急技术支撑队伍建设、专家队伍建设、基础平台建设、技术研发、预案演练、物资保障等工作开展。各地区、各部门为网络安全应急工作提供必要的经费保障。

7.10　责任与奖惩

网络安全事件应急处置工作实行责任追究制。

中央网信办及有关地区和部门对网络安全事件应急管理工作中作出突出贡献的先进集体和个人给予表彰和奖励。

中央网信办及有关地区和部门对不按照规定制定预案和组织开展演练，迟报、谎报、瞒报和漏报网络安全事件重要情况或者应急管理工作中有其他失职、渎职行为的，依照相关规定对有关责任人给予处分；构成犯罪的，依法追究刑事责任。

8　附则

8.1　预案管理

本预案原则上每年评估一次，根据实际情况适时修订。修订工作由中央网信办负责。

各省（区、市）、各部门、各单位要根据本预案制定或修订本地区、本部门、本行业、本单位网络安全事件应急预案。

8.2　预案解释

本预案由中央网信办负责解释。

8.3　预案实施时间

本预案自印发之日起实施。

附件：

1. 网络安全事件分类

2. 名词术语

3. 网络和信息系统损失程度划分说明

附件1

网络安全事件分类

网络安全事件分为有害程序事件、网络攻击事件、信息破坏事件、信息内容安全事件、设备设施故障、灾害性事件和其他网络安全事件等。

（1）有害程序事件分为计算机病毒事件、蠕虫事件、特洛伊木马事件、僵尸网络事件、混合程序攻击事件、网页内嵌恶意代码事件和其他有害程序事件。

（2）网络攻击事件分为拒绝服务攻击事件、后门攻击事件、漏洞攻击事件、网络扫描窃听事件、网络钓鱼事件、干扰事件和其他网络攻击事件。

（3）信息破坏事件分为信息篡改事件、信息假冒事件、信息泄露事件、信息窃取事件、信息丢失事件和其他信息破坏事件。

（4）信息内容安全事件是指通过网络传播法律法规禁止信息，组织非法串联、煽动集会游行或炒作敏感问题并危害国家安全、社会稳定和公众利益的事件。

（5）设备设施故障分为软硬件自身故障、外围保障设施故障、人为破坏事故和其他设备设施故障。

（6）灾害性事件是指由自然灾害等其他突发事件导致的网络安全事件。

（7）其他事件是指不能归为以上分类的网络安全事件。

附件 2

名词术语

一、重要网络与信息系统

所承载的业务与国家安全、社会秩序、经济建设、公众利益密切相关的网络和信息系统。

（参考依据：《信息安全技术信息安全事件分类分级指南》（GB/Z 20986-2007））

二、重要敏感信息

不涉及国家秘密，但与国家安全、经济发展、社会稳定以及企业和公众利益密切相关的信息，这些信息一旦未经授权披露、丢失、滥用、篡改或销毁，可能造成以下后果：

a）损害国防、国际关系；

b）损害国家财产、公共利益以及个人财产或人身安全；

c）影响国家预防和打击经济与军事间谍、政治渗透、有组织

犯罪等;

d) 影响行政机关依法调查处理违法、渎职行为,或涉嫌违法、渎职行为;

e) 干扰政府部门依法公正地开展监督、管理、检查、审计等行政活动,妨碍政府部门履行职责;

f) 危害国家关键基础设施、政府信息系统安全;

g) 影响市场秩序,造成不公平竞争,破坏市场规律;

h) 可推论出国家秘密事项;

i) 侵犯个人隐私、企业商业秘密和知识产权;

j) 损害国家、企业、个人的其他利益和声誉。

(参考依据:《信息安全技术云计算服务安全指南》 (GB/T31167-2014))

附件3

网络和信息系统损失程度划分说明

网络和信息系统损失是指由于网络安全事件对系统的软硬件、功能及数据的破坏,导致系统业务中断,从而给事发组织所造成的损失,其大小主要考虑恢复系统正常运行和消除安全事件负面影响所需付出的代价,划分为特别严重的系统损失、严重的系统损失、较大的系统损失和较小的系统损失,说明如下:

a) 特别严重的系统损失:造成系统大面积瘫痪,使其丧失业务处理能力,或系统关键数据的保密性、完整性、可用性遭到严重破坏,恢复系统正常运行和消除安全事件负面影响所需付出的代价十分巨大,对于事发组织是不可承受的;

b) 严重的系统损失：造成系统长时间中断或局部瘫痪，使其业务处理能力受到极大影响，或系统关键数据的保密性、完整性、可用性遭到破坏，恢复系统正常运行和消除安全事件负面影响所需付出的代价巨大，但对于事发组织是可承受的；

c) 较大的系统损失：造成系统中断，明显影响系统效率，使重要信息系统或一般信息系统业务处理能力受到影响，或系统重要数据的保密性、完整性、可用性遭到破坏，恢复系统正常运行和消除安全事件负面影响所需付出的代价较大，但对于事发组织是完全可以承受的；

d) 较小的系统损失：造成系统短暂中断，影响系统效率，使系统业务处理能力受到影响，或系统重要数据的保密性、完整性、可用性遭到影响，恢复系统正常运行和消除安全事件负面影响所需付出的代价较小。

关于加强网络安全学科建设和
人才培养的意见

中网办发文〔2016〕4号

各省、自治区、直辖市、新疆生产建设兵团党委网络安全和信息化领导小组，中央和国家机关各部委：

党的十八大以来，在以习近平同志为总书记的党中央的坚强领导下，国家网络安全人才建设取得重要进展，全社会网络安全意识明显加强。随着信息化的快速发展，网络安全问题更加突出，对网络安全人才建设不断提出新的要求。网络空间的竞争，归根结底是人才竞争。从总体上看，我国网络安全人才还存在数量缺口较大、能力素质不高、结构不尽合理等问题，与维护国家网络安全、建设网络强国的要求不相适应。网络安全学科建设刚刚起步，迫切需要加大投入力度。为加强网络安全学院学科专业建设和人才培养，经中央网络安全和信息化领导小组同意，提出以下意见。

一、加快网络安全学科专业和院系建设。在已设立网络空间安全一级学科的基础上，加强学科专业建设。发挥学科引领和带动作用，加大经费投入，开展高水平科学研究，加强实验室等建设，完善本专科、研究生教育和在职培训网络安全人才培养体系。有条件的高等院校可通过整合、新建等方式建立网络安全学院。通过国家政策引导，发挥各方面积极性，利用好国内外资源，聘请优秀教师，吸收优秀学生，下大功夫、大本钱创建世界一流网络安全学院。

二、创新网络安全人才培养机制。鼓励高等院校适度增加相关专业推荐优秀应届本科毕业生免试攻读研究生名额。互联网是年轻人的事业，要不拘一格降人才。支持高等院校开设网络安全相关专业"少年班"、"特长班"。鼓励高等院校、科研机构根据需求和自身特色，拓展网络安全专业方向，合理确定相关专业人才培养规模，建设跨理学、工学、法学、管理学等门类的网络安全人才综合培养平台。鼓励高校开设网络安全基础公共课程，提倡非网络安全专业学生学习掌握网络安全知识和技能。支持网络安全人才培养基地建设，探索网络安全人才培养模式。发挥专家智库作用，加强对网络安全人才培养和学科专业建设、教学工作的指导。

三、加强网络安全教材建设。网络安全教材要体现党和国家意志，体现网络强国战略思想，体现中国特色治网主张，适应我国网络空间发展需要。根据信息技术特别是网络安全技术的发展，在现有教材基础上，抓紧建立完善网络安全教材体系。国家加强引导，鼓励出版社、企业和社会资本支持网络安全教材编写。适应网络教学、远程教学发展，加大对网络教材的支持力度。设立网络安全优秀教材奖，采取政府主导、市场机制、学校推荐、专家评审等方法，评选网络安全优秀教材，予以重点支持和推荐。

四、强化网络安全师资队伍建设。积极创造条件，吸引和鼓励专业知识好、富有网络安全工作和教学经验的人员从事网络安全教学工作，聘请经验丰富的网络安全技术和管理专家、民间特殊人才担任兼职教师。鼓励高等院校有计划地组织网络安全专业教师赴网信企业、科研机构和国家机关合作科研或挂职。打破体制界限，让网络安全人才在政府、企业、智库间实现有序顺畅流动。鼓励和支持符合条件的高等院校承担国家网络安全科研项目，吸引政治素质好、业务能力强的网络安全教师参与国家重大科研项目和工程。采取多种形式对高等院校网络安全专业教师开展在职培训。鼓励与国外大学、企业、科研机构在网络安全人才培养方面开展合作，不断提高在全球配置网络安全人才资源能力。支持高等院校大力引进国外网络安全领域高端人才，重点支持网络安全学科青年骨干教师出国培训进修。

五、推动高等院校与行业企业合作育人、协同创新。鼓励企业深度参与高等院校网络安全人才培养工作，从培养目标、课程设置、教材编制、实验室建设、实践教学、课题研究及联合培养基地等各个环节加强同高等院校的合作。推动高等院校与科研院所、行业企业协同育人，定向培养网络安全人才，建设协同创新中心。支持高校网络安全相关专业实施"卓越工程师教育培养计划"。鼓励学生在校阶段积极参与创新创业，形成网络安全人才培养、技术创新、产业发展的良性生态链。

六、加强网络安全从业人员在职培训。建立党政机关、事业单位和国有企业网络安全工作人员培训制度，提升网络安全从业人员安全意识和专业技能。各种网络安全检查要将在职人员网络安全培训情况纳入检查内容。制定网络安全岗位分类规范及能力标准。鼓励并规范社会力量、网络安全企业开展网络安全人才培养和在职人员网络安全培训。

七、加强全民网络安全意识与技能培养。办好国家网络安全宣传周活动，充分利用网络、广播、电影电视、报刊杂志等多种平台，面向大众宣传网络安全常识，传播网络安全知识，培育网络安全文化。支持创作更多的高质量网络安全科普读物，开展多种形式的网络安全技能和知识竞赛。网络教育从孩子抓起，加强青少年网络素养教育，开展"网络安全知识进校园"行动，将网络安全纳入学校教育教学内容，促进学生依法上网、文明上网、安全上网。

八、完善网络安全人才培养配套措施。采取特殊政策，创新网络安全人才评价机制，以实际能力为衡量标准，不唯学历，不唯论文，不唯资历，突出专业性、创新性、实用性，聚天下英才而用之。在重大改革项目中加大对网络安全学科专业建设和人才培养的支持。建立灵活的网络安全人才激励机制，利用社会资金奖励网络安全优秀人才、优秀教师、优秀标准等，资助网络安全专业学生的学习生活，让作出贡献的人才有成就感、获得感。研究制定有针对性的政策措施，鼓励支持网络安全科研人员参加国际学术交流活动，培养具有国际竞争力、影响力的人才。

人才是网络安全第一资源。各地方、各部门要认识到网络安全学科建设和人才培养的极端重要性，增强责任感使命感，将网络安全人才培养工作提到重要议事日程。根据本意见精神，结合实际制定具体措施，支持网络安全学院学科专业建设，加快网络安全人才培养，为实施网络强国战略、维护国家网络安全提供强大的人才保障。

中央网络安全和信息化领导小组办公室

国家发展和改革委员会

教育部

科学技术部

工业和信息化部

人力资源和社会保障部

2016 年 6 月 6 日

信息网络传播权保护条例

信息网络传播权保护条例

中华人民共和国国务院令

第 634 号

《国务院关于修改〈信息网络传播权保护条例〉的决定》已经 2013 年 1 月 16 日国务院第 231 次常务会议通过，现予公布，自 2013 年 3 月 1 日起施行。

总理　温家宝

2013 年 1 月 30 日

（2006 年 5 月 18 日中华人民共和国国务院令第 468 号公布；根据 2013 年 1 月 30 日《国务院关于修改〈信息网络传播权保护条例〉的决定》修订）

第一条　为保护著作权人、表演者、录音录像制作者（以下统称权利人）的信息网络传播权，鼓励有益于社会主义精神文明、物质文明建设的作品的创作和传播，根据《中华人民共和国著作权法》（以下简称著作权法），制定本条例。

第二条　权利人享有的信息网络传播权受著作权法和本条例保护。除法律、行政法规另有规定的外，任何组织或者个人将他人的作品、表演、录音录像制品通过信息网络向公众提供，应当取得权利人许可，并支付报酬。

第三条　依法禁止提供的作品、表演、录音录像制品，不受本条例保护。

权利人行使信息网络传播权，不得违反宪法和法律、行政法规，不得损害公共利益。

第四条　为了保护信息网络传播权，权利人可以采取技术措施。

任何组织或者个人不得故意避开或者破坏技术措施，不得故意制造、进口或者向公众提供主要用于避开或者破坏技术措施的装置或者部件，不得故意为他人避开或者破坏技术措施提供技术服务。但是，法律、行政法规规定可以避开的除外。

第五条　未经权利人许可，任何组织或者个人不得进行下列行为：

（一）故意删除或者改变通过信息网络向公众提供的作品、表演、录音录像制品的权利管理电子信息，但由于技术上的原因无法避免删除或者改变的除外；

（二）通过信息网络向公众提供明知或者应知未经权利人许可被删除或者改变权利管理电子信息的作品、表演、录音录像制品。

第六条 通过信息网络提供他人作品，属于下列情形的，可以不经著作权人许可，不向其支付报酬：

（一）为介绍、评论某一作品或者说明某一问题，在向公众提供的作品中适当引用已经发表的作品；

（二）为报道时事新闻，在向公众提供的作品中不可避免地再现或者引用已经发表的作品；

（三）为学校课堂教学或者科学研究，向少数教学、科研人员提供少量已经发表的作品；

（四）国家机关为执行公务，在合理范围内向公众提供已经发表的作品；

（五）将中国公民、法人或者其他组织已经发表的、以汉语言文字创作的作品翻译成的少数民族语言文字作品，向中国境内少数民族提供；

（六）不以营利为目的，以盲人能够感知的独特方式向盲人提供已经发表的文字作品；

（七）向公众提供在信息网络上已经发表的关于政治、经济问题的时事性文章；

（八）向公众提供在公众集会上发表的讲话。

第七条 图书馆、档案馆、纪念馆、博物馆、美术馆等可以不经著作权人许可，通过信息网络向本馆馆舍内服务对象提供本馆收藏的合法出版的数字作品和依法为陈列或者保存版本的需要以数字化形式复制的作品，不向其支付报酬，但不得直接或者间接获得经济利益。当事人另有约定的除外。

前款规定的为陈列或者保存版本需要以数字化形式复制的作品，应当是已经损毁或者濒临损毁、丢失或者失窃，或者其存储格式已经过时，并且在市场上无法购买或者只能以明显高于标定的价格购买的作品。

第八条　为通过信息网络实施九年制义务教育或者国家教育规划，可以不经著作权人许可，使用其已经发表作品的片断或者短小的文字作品、音乐作品或者单幅的美术作品、摄影作品制作课件，由制作课件或者依法取得课件的远程教育机构通过信息网络向注册学生提供，但应当向著作权人支付报酬。

第九条　为扶助贫困，通过信息网络向农村地区的公众免费提供中国公民、法人或者其他组织已经发表的种植养殖、防病治病、防灾减灾等与扶助贫困有关的作品和适应基本文化需求的作品，网络服务提供者应当在提供前公告拟提供的作品及其作者、拟支付报酬的标准。自公告之日起 30 日内，著作权人不同意提供的，网络服务提供者不得提供其作品；自公告之日起满 30 日，著作权人没有异议的，网络服务提供者可以提供其作品，并按照公告的标准向著作权人支付报酬。网络服务提供者提供著作权人的作品后，著作权人不同意提供的，网络服务提供者应当立即删除著作权人的作品，并按照公告的标准向著作权人支付提供作品期间的报酬。

依照前款规定提供作品的，不得直接或者间接获得经济利益。

第十条　依照本条例规定不经著作权人许可、通过信息网络向公众提供其作品的，还应当遵守下列规定：

（一）除本条例第六条第一项至第六项、第七条规定的情形外，不得提供作者事先声明不许提供的作品；

（二）指明作品的名称和作者的姓名（名称）；

（三）依照本条例规定支付报酬；

（四）采取技术措施，防止本条例第七条、第八条、第九条规定的服务对象以外的其他人获得著作权人的作品，并防止本条例第七条规定的服务对象的复制行为对著作权人利益造成实质性损害；

（五）不得侵犯著作权人依法享有的其他权利。

第十一条 通过信息网络提供他人表演、录音录像制品的，应当遵守本条例第六条至第十条的规定。

第十二条 属于下列情形的，可以避开技术措施，但不得向他人提供避开技术措施的技术、装置或者部件，不得侵犯权利人依法享有的其他权利：

（一）为学校课堂教学或者科学研究，通过信息网络向少数教学、科研人员提供已经发表的作品、表演、录音录像制品，而该作品、表演、录音录像制品只能通过信息网络获取；

（二）不以营利为目的，通过信息网络以盲人能够感知的独特方式向盲人提供已经发表的文字作品，而该作品只能通过信息网络获取；

（三）国家机关依照行政、司法程序执行公务；

（四）在信息网络上对计算机及其系统或者网络的安全性能进行测试。

第十三条 著作权行政管理部门为了查处侵犯信息网络传播权的行为，可以要求网络服务提供者提供涉嫌侵权的服务对象的姓名（名称）、联系方式、网络地址等资料。

第十四条 对提供信息存储空间或者提供搜索、链接服务的网络服务提供者，权利人认为其服务所涉及的作品、表演、录音录像制品，侵犯自己的信息网络传播权或者被删除、改变了自己的权利管理电子信息的，可以向该网络服务提供者提交书面通知，要求网络服务提供者删除该作品、表演、录音录像制品，或者断开与该作品、表演、录音录像制品的链接。通知书应当包含下列内容：

（一）权利人的姓名（名称）、联系方式和地址；

（二）要求删除或者断开链接的侵权作品、表演、录音录像制品的名称和网络地址；

（三）构成侵权的初步证明材料。

权利人应当对通知书的真实性负责。

第十五条 网络服务提供者接到权利人的通知书后，应当立即删除涉嫌侵权的作品、表演、录音录像制品，或者断开与涉嫌侵权的作品、表演、录音录像制品的链接，并同时将通知书转送提供作品、表演、录音录像制品的服务对象；服务对象网络地址不明、无法转送的，应当将通知书的内容同时在信息网络上公告。

第十六条 服务对象接到网络服务提供者转送的通知书后，认为其提供的作品、表演、录音录像制品未侵犯他人权利的，可以向网络服务提供者提交书面说明，要求恢复被删除的作品、表演、录音录像制品，或者恢复与被断开的作品、表演、录音录像制品的链接。书面说明应当包含下列内容：

（一）服务对象的姓名（名称）、联系方式和地址；

（二）要求恢复的作品、表演、录音录像制品的名称和网络地址；

（三）不构成侵权的初步证明材料。

服务对象应当对书面说明的真实性负责。

第十七条　网络服务提供者接到服务对象的书面说明后，应当立即恢复被删除的作品、表演、录音录像制品，或者可以恢复与被断开的作品、表演、录音录像制品的链接，同时将服务对象的书面说明转送权利人。权利人不得再通知网络服务提供者删除该作品、表演、录音录像制品，或者断开与该作品、表演、录音录像制品的链接。

第十八条　违反本条例规定，有下列侵权行为之一的，根据情况承担停止侵害、消除影响、赔礼道歉、赔偿损失等民事责任；同时损害公共利益的，可以由著作权行政管理部门责令停止侵权行为，没收违法所得，非法经营额 5 万元以上的，可处非法经营额 1 倍以上 5 倍以下的罚款；没有非法经营额或者非法经营额 5 万元以下的，根据情节轻重，可处 25 万元以下的罚款；情节严重的，著作权行政管理部门可以没收主要用于提供网络服务的计算机等设备；构成犯罪的，依法追究刑事责任：

（一）通过信息网络擅自向公众提供他人的作品、表演、录音录像制品的；

（二）故意避开或者破坏技术措施的；

（三）故意删除或者改变通过信息网络向公众提供的作品、表演、录音录像制品的权利管理电子信息，或者通过信息网络向公众提供明知或者应知未经权利人许可而被删除或者改变权利管理电子信息的作品、表演、录音录像制品的；

（四）为扶助贫困通过信息网络向农村地区提供作品、表演、录音录像制品超过规定范围，或者未按照公告的标准支付报酬，或者在权利人不同意提供其作品、表演、录音录像制品后未立即删除的；

（五）通过信息网络提供他人的作品、表演、录音录像制品，未指明作品、表演、录音录像制品的名称或者作者、表演者、录音录像制作者的姓名（名称），或者未支付报酬，或者未依照本条例规定采取技术措施防止服务对象以外的其他人获得他人的作品、表演、录音录像制品，或者未防止服务对象的复制行为对权利人利益造成实质性损害的。

第十九条 违反本条例规定，有下列行为之一的，由著作权行政管理部门予以警告，没收违法所得，没收主要用于避开、破坏技术措施的装置或者部件；情节严重的，可以没收主要用于提供网络服务的计算机等设备；非法经营额 5 万元以上的，可处非法经营额 1 倍以上 5 倍以下的罚款；没有非法经营额或者非法经营额 5 万元以下的，根据情节轻重，可处 25 万元以下的罚款；构成犯罪的，依法追究刑事责任：

（一）故意制造、进口或者向他人提供主要用于避开、破坏技术措施的装置或者部件，或者故意为他人避开或者破坏技术措施提供技术服务的；

（二）通过信息网络提供他人的作品、表演、录音录像制品，获得经济利益的；

（三）为扶助贫困通过信息网络向农村地区提供作品、表演、录音录像制品，未在提供前公告作品、表演、录音录像制品的名称和作者、表演者、录音录像制作者的姓名（名称）以及报酬标准的。

第二十条 网络服务提供者根据服务对象的指令提供网络自动接入服务，或者对服务对象提供的作品、表演、录音录像制品提供自动传输服务，并具备下列条件的，不承担赔偿责任：

（一）未选择并且未改变所传输的作品、表演、录音录像制品；

（二）向指定的服务对象提供该作品、表演、录音录像制品，并防止指定的服务对象以外的其他人获得。

第二十一条 网络服务提供者为提高网络传输效率，自动存储从其他网络服务提供者获得的作品、表演、录音录像制品，根据技术安排自动向服务对象提供，并具备下列条件的，不承担赔偿责任：

（一）未改变自动存储的作品、表演、录音录像制品；

（二）不影响提供作品、表演、录音录像制品的原网络服务提供者掌握服务对象获取该作品、表演、录音录像制品的情况；

（三）在原网络服务提供者修改、删除或者屏蔽该作品、表演、录音录像制品时，根据技术安排自动予以修改、删除或者屏蔽。

第二十二条 网络服务提供者为服务对象提供信息存储空间，供服务对象通过信息网络向公众提供作品、表演、录音录像制品，并具备下列条件的，不承担赔偿责任：

（一）明确标示该信息存储空间是为服务对象所提供，并公开网络服务提供者的名称、联系人、网络地址；

（二）未改变服务对象所提供的作品、表演、录音录像制品；

（三）不知道也没有合理的理由应当知道服务对象提供的作品、表演、录音录像制品侵权；

（四）未从服务对象提供作品、表演、录音录像制品中直接获得经济利益；

（五）在接到权利人的通知书后，根据本条例规定删除权利人认为侵权的作品、表演、录音录像制品。

第二十三条 网络服务提供者为服务对象提供搜索或者链接服务，在接到权利人的通知书后，根据本条例规定断开与侵权的作品、表演、录音录像制品的链接的，不承担赔偿责任；但是，明知或者应知所链接的作品、表演、录音录像制品侵权的，应当承担共同侵权责任。

第二十四条 因权利人的通知导致网络服务提供者错误删除作品、表演、录音录像制品，或者错误断开与作品、表演、录音录像制品的链接，给服务对象造成损失的，权利人应当承担赔偿责任。

第二十五条 网络服务提供者无正当理由拒绝提供或者拖延提供涉嫌侵权的服务对象的姓名（名称）、联系方式、网络地址等资料的，由著作权行政管理部门予以警告；情节严重的，没收主要用于提供网络服务的计算机等设备。

第二十六条 本条例下列用语的含义：

信息网络传播权，是指以有线或者无线方式向公众提供作品、表演或者录音录像制品，使公众可以在其个人选定的时间和地点获得作品、表演或者录音录像制品的权利。

技术措施，是指用于防止、限制未经权利人许可浏览、欣赏作品、表演、录音录像制品的或者通过信息网络向公众提供作品、表演、录音录像制品的有效技术、装置或者部件。

权利管理电子信息，是指说明作品及其作者、表演及其表演者、录音录像制品及其制作者的信息，作品、表演、录音录像制品权利人的信息和使用条件的信息，以及表示上述信息的数字或者代码。

第二十七条 本条例自 2006 年 7 月 1 日起施行。

最高人民法院关于审理侵害信息
网络传播权民事纠纷案件适用法律
若干问题的规定

法释〔2012〕20 号

中华人民共和国最高人民法院公告

《最高人民法院关于审理侵害信息网络传播权民事纠纷案件适用法律若干问题的规定》已于 2012 年 11 月 26 日由最高人民法院审判委员会第 1561 次会议通过，现予公布，自 2013 年 1 月 1 日起施行。

最高人民法院

2012 年 12 月 17 日

为正确审理侵害信息网络传播权民事纠纷案件，依法保护信息网络传播权，促进信息网络产业健康发展，维护公共利益，根据《中华人民共和国民法通则》《中华人民共和国侵权责任法》《中华人民共和国著作权法》《中华人民共和国民事诉讼法》等有关法律规定，结合审判实际，制定本规定。

第一条 人民法院审理侵害信息网络传播权民事纠纷案件，在依法行使裁量权时，应当兼顾权利人、网络服务提供者和社会公众的利益。

第二条 本规定所称信息网络，包括以计算机、电视机、固定电话机、移动电话机等电子设备为终端的计算机互联网、广播电视网、固定通信网、移动通信网等信息网络，以及向公众开放的局域网络。

第三条 网络用户、网络服务提供者未经许可，通过信息网络提供权利人享有信息网络传播权的作品、表演、录音录像制品，除法律、行政法规另有规定外，人民法院应当认定其构成侵害信息网络传播权行为。

通过上传到网络服务器、设置共享文件或者利用文件分享软件等方式，将作品、表演、录音录像制品置于信息网络中，使公众能够在个人选定的时间和地点以下载、浏览或者其他方式获得的，人民法院应当认定其实施了前款规定的提供行为。

第四条 有证据证明网络服务提供者与他人以分工合作等方式共同提供作品、表演、录音录像制品，构成共同侵权行为的，人民法院应当判令其承担连带责任。网络服务提供者能够证明其仅提供自动接入、自动传输、信息存储空间、搜索、链接、文件分享技术等网络服务，主张其不构成共同侵权行为的，人民法院应予支持。

第五条 网络服务提供者以提供网页快照、缩略图等方式实质替代其他网络服务提供者向公众提供相关作品的，人民法院应当认定其构成提供行为。

前款规定的提供行为不影响相关作品的正常使用，且未不合理损害权利人对该作品的合法权益，网络服务提供者主张其未侵害信息网络传播权的，人民法院应予支持。

第六条 原告有初步证据证明网络服务提供者提供了相关作品、表演、录音录像制品，但网络服务提供者能够证明其仅提供网络服务，且无过错的，人民法院不应认定为构成侵权。

第七条　网络服务提供者在提供网络服务时教唆或者帮助网络用户实施侵害信息网络传播权行为的，人民法院应当判令其承担侵权责任。

网络服务提供者以言语、推介技术支持、奖励积分等方式诱导、鼓励网络用户实施侵害信息网络传播权行为的，人民法院应当认定其构成教唆侵权行为。

网络服务提供者明知或者应知网络用户利用网络服务侵害信息网络传播权，未采取删除、屏蔽、断开链接等必要措施，或者提供技术支持等帮助行为的，人民法院应当认定其构成帮助侵权行为。

第八条　人民法院应当根据网络服务提供者的过错，确定其是否承担教唆、帮助侵权责任。网络服务提供者的过错包括对于网络用户侵害信息网络传播权行为的明知或者应知。

网络服务提供者未对网络用户侵害信息网络传播权的行为主动进行审查的，人民法院不应据此认定其具有过错。

网络服务提供者能够证明已采取合理、有效的技术措施，仍难以发现网络用户侵害信息网络传播权行为的，人民法院应当认定其不具有过错。

第九条　人民法院应当根据网络用户侵害信息网络传播权的具体事实是否明显，综合考虑以下因素，认定网络服务提供者是否构成应知：

（一）基于网络服务提供者提供服务的性质、方式及其引发侵权的可能性大小，应当具备的管理信息的能力；

（二）传播的作品、表演、录音录像制品的类型、知名度及侵

权信息的明显程度;

(三)网络服务提供者是否主动对作品、表演、录音录像制品进行了选择、编辑、修改、推荐等;

(四)网络服务提供者是否积极采取了预防侵权的合理措施;

(五)网络服务提供者是否设置便捷程序接收侵权通知并及时对侵权通知作出合理的反应;

(六)网络服务提供者是否针对同一网络用户的重复侵权行为采取了相应的合理措施;

(七)其他相关因素。

第十条 网络服务提供者在提供网络服务时,对热播影视作品等以设置榜单、目录、索引、描述性段落、内容简介等方式进行推荐,且公众可以在其网页上直接以下载、浏览或者其他方式获得的,人民法院可以认定其应知网络用户侵害信息网络传播权。

第十一条 网络服务提供者从网络用户提供的作品、表演、录音录像制品中直接获得经济利益的,人民法院应当认定其对该网络用户侵害信息网络传播权的行为负有较高的注意义务。

网络服务提供者针对特定作品、表演、录音录像制品投放广告获取收益,或者获取与其传播的作品、表演、录音录像制品存在其他特定联系的经济利益,应当认定为前款规定的直接获得经济利益。网络服务提供者因提供网络服务而收取一般性广告费、服务费等,不属于本款规定的情形。

第十二条 有下列情形之一的,人民法院可以根据案件具体情况,认定提供信息存储空间服务的网络服务提供者应知网络用户侵害信息网络传播权:

(一)将热播影视作品等置于首页或者其他主要页面等能够为

网络服务提供者明显感知的位置的;

(二) 对热播影视作品等的主题、内容主动进行选择、编辑、整理、推荐,或者为其设立专门的排行榜的;

(三) 其他可以明显感知相关作品、表演、录音录像制品为未经许可提供,仍未采取合理措施的情形。

第十三条 网络服务提供者接到权利人以书信、传真、电子邮件等方式提交的通知,未及时采取删除、屏蔽、断开链接等必要措施的,人民法院应当认定其明知相关侵害信息网络传播权行为。

第十四条 人民法院认定网络服务提供者采取的删除、屏蔽、断开链接等必要措施是否及时,应当根据权利人提交通知的形式,通知的准确程度,采取措施的难易程度,网络服务的性质,所涉作品、表演、录音录像制品的类型、知名度、数量等因素综合判断。

第十五条 侵害信息网络传播权民事纠纷案件由侵权行为地或者被告住所地人民法院管辖。侵权行为地包括实施被诉侵权行为的网络服务器、计算机终端等设备所在地。侵权行为地和被告住所地均难以确定或者在境外的,原告发现侵权内容的计算机终端等设备所在地可以视为侵权行为地。

第十六条 本规定施行之日起,《最高人民法院关于审理涉及计算机网络著作权纠纷案件适用法律若干问题的解释》(法释〔2006〕11 号)同时废止。

本规定施行之后尚未终审的侵害信息网络传播权民事纠纷案件,适用本规定。本规定施行前已经终审,当事人申请再审或者按照审判监督程序决定再审的,不适用本规定。

网络游戏管理暂行办法

中华人民共和国文化部令

第49号

《网络游戏管理暂行办法》已经 2010 年 3 月 17 日文化部部务会议审议通过，现予发布，自 2010 年 8 月 1 日起施行。

文化部部长

二〇一〇年六月三日

第一章　总　则

第一条　为加强网络游戏管理，规范网络游戏经营秩序，维护网络游戏行业的健康发展，根据《全国人民代表大会常务委员会关于维护互联网安全的决定》和《互联网信息服务管理办法》以及国家法律法规有关规定，制定本办法。

第二条　从事网络游戏研发生产、网络游戏上网运营、网络游戏虚拟货币发行、网络游戏虚拟货币交易服务等形式的经营活动，适用本办法。

本办法所称网络游戏是指由软件程序和信息数据构成，通过互联网、移动通信网等信息网络提供的游戏产品和服务。

网络游戏上网运营是指通过信息网络，使用用户系统或者收费系统向公众提供游戏产品和服务的经营行为。

网络游戏虚拟货币是指由网络游戏经营单位发行，网络游戏用户使用法定货币按一定比例直接或者间接购买，存在于游戏程序之外，以电磁记录方式存储于服务器内，并以特定数字单位表现的虚拟兑换工具。

第三条　国务院文化行政部门是网络游戏的主管部门，县级以上人民政府文化行政部门依照职责分工负责本行政区域内网络游戏的监督管理。

第四条　从事网络游戏经营活动应当遵守宪法、法律、行政法规，坚持社会效益优先，保护未成年人优先，弘扬体现时代发展和社会进步的思想文化和道德规范，遵循有利于保护公众健康及适度游戏的原则，依法维护网络游戏用户的合法权益，促进人的全面发展与社会和谐。

第五条　网络游戏行业协会等社团组织应当接受文化行政部门的指导，依照法律、行政法规及章程制定行业自律规范，加强职业道德教育，指导、监督成员的经营活动，维护成员的合法权益，促进公平竞争。

第二章　经营单位

第六条　从事网络游戏上网运营、网络游戏虚拟货币发行和网络游戏虚拟货币交易服务等网络游戏经营活动的单位，应当具备以下条件，并取得《网络文化经营许可证》：

（一）单位的名称、住所、组织机构和章程；

（二）确定的网络游戏经营范围；

（三）符合国家规定的从业人员；

（四）不低于 1000 万元的注册资金；

（五）符合法律、行政法规和国家有关规定的条件。

第七条 申请《网络文化经营许可证》，应当向省、自治区、直辖市文化行政部门提出申请。省、自治区、直辖市文化行政部门自收到申请之日起 20 日内做出批准或者不批准的决定。批准的，核发《网络文化经营许可证》，并向社会公告；不批准的，应当书面通知申请人并说明理由。

《网络文化经营许可证》有效期为 3 年。有效期届满，需继续从事经营的，应当于有效期届满 30 日前申请续办。

第八条 获得《网络文化经营许可证》的网络游戏经营单位变更网站名称、网站域名或者法定代表人、注册地址、经营地址、注册资金、股权结构以及许可经营范围的，应当自变更之日起 20 日内向原发证机关办理变更手续。

网络游戏经营单位应当在企业网站、产品客户端、用户服务中心等显著位置标示《网络文化经营许可证》等信息；实际经营的网站域名应当与申报信息一致。

第三章 内容准则

第九条 网络游戏不得含有以下内容：

（一）违反宪法确定的基本原则的；

（二）危害国家统一、主权和领土完整的；

（三）泄露国家秘密、危害国家安全或者损害国家荣誉和利益的；

（四）煽动民族仇恨、民族歧视，破坏民族团结，或者侵害民族风俗、习惯的；

（五）宣扬邪教、迷信的；

（六）散布谣言，扰乱社会秩序，破坏社会稳定的；

（七）宣扬淫秽、色情、赌博、暴力，或者教唆犯罪的；

（八）侮辱、诽谤他人，侵害他人合法权益的；

（九）违背社会公德的；

（十）有法律、行政法规和国家规定禁止的其他内容的。

第十条 国务院文化行政部门负责网络游戏内容审查，并聘请有关专家承担网络游戏内容审查、备案与鉴定的有关咨询和事务性工作。

经有关部门前置审批的网络游戏出版物，国务院文化行政部门不再进行重复审查，允许其上网运营。

第十一条 国务院文化行政部门依法对进口网络游戏进行内容审查。进口网络游戏应当在获得国务院文化行政部门内容审查批准后，方可上网运营。申请进行内容审查需提交下列材料：

（一）进口网络游戏内容审查申报表；

（二）进口网络游戏内容说明书；

（三）中、外文文本的版权贸易或者运营代理协议、原始著作权证明书和授权书的副本或者复印件；

（四）申请单位的《网络文化经营许可证》和《营业执照》复印件；

（五）内容审查所需的其他文件。

第十二条 申报进口网络游戏内容审查的，应当为依法获得独占性授权的网络游戏运营企业。

批准进口的网络游戏变更运营企业的，由变更后的运营企业，按照本办法第十一条的规定，向国务院文化行政部门重新申报。

经批准的进口网络游戏应当在其运营网站指定位置及游戏内显著位置标明批准文号。

第十三条 国产网络游戏在上网运营之日起 30 日内应当按规定向国务院文化行政部门履行备案手续。

已备案的国产网络游戏应当在其运营网站指定位置及游戏内显著位置标明备案编号。

第十四条 进口网络游戏内容上网运营后需要进行实质性变动的，网络游戏运营企业应当将拟变更的内容报国务院文化行政部门进行内容审查。

国产网络游戏内容发生实质性变动的，网络游戏运营企业应当自变更之日起 30 日内向国务院文化行政部门进行备案。

网络游戏内容的实质性变动是指在网络游戏故事背景、情节语言、地名设置、任务设计、经济系统、交易系统、生产建设系统、社交系统、对抗功能、角色形象、声音效果、地图道具、动作呈现、团队系统等方面发生显著变化。

第十五条 网络游戏运营企业应当建立自审制度，明确专门部门，配备专业人员负责网络游戏内容和经营行为的自查与管理，保障网络游戏内容和经营行为的合法性。

第四章　经营活动

第十六条　网络游戏经营单位应当根据网络游戏的内容、功能和适用人群，制定网络游戏用户指引和警示说明，并在网站和网络游戏的显著位置予以标明。

以未成年人为对象的网络游戏不得含有诱发未成年人模仿违反社会公德的行为和违法犯罪的行为的内容，以及恐怖、残酷等妨害未成年人身心健康的内容。

网络游戏经营单位应当按照国家规定，采取技术措施，禁止未成年人接触不适宜的游戏或者游戏功能，限制未成年人的游戏时间，预防未成年人沉迷网络。

第十七条　网络游戏经营单位不得授权无网络游戏运营资质的单位运营网络游戏。

第十八条　网络游戏经营单位应当遵守以下规定：

（一）不得在网络游戏中设置未经网络游戏用户同意的强制对战；

（二）网络游戏的推广和宣传不得含有本办法第九条禁止内容；

（三）不得以随机抽取等偶然方式，诱导网络游戏用户采取投入法定货币或者网络游戏虚拟货币方式获取网络游戏产品和服务。

第十九条　网络游戏运营企业发行网络游戏虚拟货币的，应当遵守以下规定：

（一）网络游戏虚拟货币的使用范围仅限于兑换自身提供的网络游戏产品和服务，不得用于支付、购买实物或者兑换其它单位的产品和服务；

（二）发行网络游戏虚拟货币不得以恶意占用用户预付资金为目的；

（三）保存网络游戏用户的购买记录。保存期限自用户最后一次接受服务之日起，不得少于 180 日；

（四）将网络游戏虚拟货币发行种类、价格、总量等情况按规定报送注册地省级文化行政部门备案。

第二十条 网络游戏虚拟货币交易服务企业应当遵守以下规定：

（一）不得为未成年人提供交易服务；

（二）不得为未经审查或者备案的网络游戏提供交易服务；

（三）提供服务时，应保证用户使用有效身份证件进行注册，并绑定与该用户注册信息相一致的银行账户；

（四）接到利害关系人、政府部门、司法机关通知后，应当协助核实交易行为的合法性。经核实属于违法交易的，应当立即采取措施终止交易服务并保存有关纪录；

（五）保存用户间的交易记录和账务记录等信息不得少于180 日。

第二十一条 网络游戏运营企业应当要求网络游戏用户使用有效身份证件进行实名注册，并保存用户注册信息。

第二十二条 网络游戏运营企业终止运营网络游戏，或者网络游戏运营权发生转移的，应当提前 60 日予以公告。网络游戏用户尚未使用的网络游戏虚拟货币及尚未失效的游戏服务，应当按用户购买时的比例，以法定货币退还用户或者用户接受的其他方式进行退换。

网络游戏因停止服务接入、技术故障等网络游戏运营企业自身原因连续中断服务超过 30 日的，视为终止。

第二十三条 网络游戏经营单位应当保障网络游戏用户的合法权益，并在提供服务网站的显著位置公布纠纷处理方式。

国务院文化行政部门负责制定《网络游戏服务格式化协议必备条款》。网络游戏运营企业与用户的服务协议应当包括《网络游戏服务格式化协议必备条款》的全部内容，服务协议其他条款不得与《网络游戏服务格式化协议必备条款》相抵触。

第二十四条 网络游戏经营单位根据法律法规或者服务协议停止为网络游戏用户提供服务的，应当提前告知用户并说明理由。

第二十五条 网络游戏经营单位发现网络游戏用户发布违法信息的，应当依照法律规定或者服务协议立即停止为其提供服务，保存有关记录并向有关部门报告。

第二十六条 网络游戏经营单位在网络游戏用户合法权益受到侵害或者与网络游戏用户发生纠纷时，可以要求网络游戏用户出示与所注册的身份信息相一致的个人有效身份证件。审核真实的，应当协助网络游戏用户进行取证。对经审核真实的实名注册用户，网络游戏经营单位负有向其依法举证的责任。

双方出现争议经协商未能解决的，可依法申请仲裁或者向人民法院提起诉讼。

第二十七条 任何单位不得为违法网络游戏经营活动提供网上支付服务。为违法网络游戏经营活动提供网上支付服务的，由文化行政部门或者文化市场综合执法机构通报有关部门依法处理。

第二十八条 网络游戏运营企业应当按照国家规定采取技术和管理措施保证网络信息安全，包括防范计算机病毒入侵和攻击破坏，备份重要数据库，保存用户注册信息、运营信息、维护日志等信息，依法保护国家秘密、商业秘密和用户个人信息。

第五章　法律责任

第二十九条　违反本办法第六条的规定，未经批准，擅自从事网络游戏上网运营、网络游戏虚拟货币发行或者网络游戏虚拟货币交易服务等网络游戏经营活动的，由县级以上文化行政部门或者文化市场综合执法机构依据《无照经营查处取缔办法》的规定予以查处。

第三十条　网络游戏经营单位有下列情形之一的，由县级以上文化行政部门或者文化市场综合执法机构责令改正，没收违法所得，并处 10000 元以上 30000 元以下罚款；情节严重的，责令停业整顿直至吊销《网络文化经营许可证》；构成犯罪的，依法追究刑事责任：

（一）提供含有本办法第九条禁止内容的网络游戏产品和服务的；

（二）违反本办法第八条第一款规定的；

（三）违反本办法第十一条的规定，上网运营未获得文化部内容审查批准的进口网络游戏的；

（四）违反本办法第十二条第二款的规定，进口网络游戏变更运营企业未按照要求重新申报的；

（五）违反本办法第十四条第一款的规定，对进口网络游戏内容进行实质性变动未报送审查的。

第三十一条　网络游戏经营单位违反本办法第十六条、第十七条、第十八条规定的，由县级以上文化行政部门或者文化市场综合执法机构责令改正，没收违法所得，并处 10000 元以上 30000 元以下罚款。

第三十二条　网络游戏运营企业发行网络游戏虚拟货币违反本办法第十九条第一、二项规定的，由县级以上文化行政部门或者文化市场综合执法机构责令改正，并可根据情节轻重处 30000 元以下罚款；违反本办法第十九条第三、四项规定的，由县级以上文化行政部门或者文化市场综合执法机构责令改正，并可根据情节轻重处 20000 元以下罚款。

第三十三条　网络游戏虚拟货币交易服务企业违反本办法第二十条第一项规定的，由县级以上文化行政部门或者文化市场综合执法机构责令改正，并处 30000 元以下罚款；违反本办法第二十条第二、三项规定的，由县级以上文化行政部门或者文化市场综合执法机构责令改正，并可根据情节轻重处 30000 元以下罚款；违反本办法第二十条第四、五项规定的，由县级以上文化行政部门或者文化市场综合执法机构责令改正，并可根据情节轻重处 20000 元以下罚款。

第三十四条　网络游戏运营企业违反本办法第十三条第一款、第十四条第二款、第十五条、第二十一条、第二十二条、第二十三条第二款规定的，由县级以上文化行政部门或者文化市场综合执法机构责令改正，并可根据情节轻重处 20000 元以下罚款。

第三十五条　网络游戏经营单位违反本办法第八条第二款、第十二条第三款、第十三条第二款、第二十三条第一款、第二十五条规定的，由县级以上文化行政部门或者文化市场综合执法机构责令改正，并可根据情节轻重处 10000 元以下罚款。

第六章　附　则

第三十六条　本办法所称文化市场综合执法机构是指依照国家有关法律、法规和规章的规定，相对集中地行使文化领域行政处罚权以及相关监督检查权、行政强制权的行政执法机构。

第三十七条　文化行政部门或者文化市场综合执法机构查处违法经营活动，依照实施违法经营行为的企业注册地或者企业实际经营地进行管辖；企业注册地和实际经营地无法确定的，由从事违法经营活动网站的信息服务许可地或者备案地进行管辖；没有许可或者备案的，由该网站服务器所在地管辖；网站服务器设置在境外的，由违法行为发生地进行管辖。

第三十八条　网络游戏的网上出版前置审批和出版境外著作权人授权的互联网游戏作品的审批，按照《中央编办对文化部、广电总局、新闻出版总署〈"三定"规定〉中有关动漫、网络游戏和文化市场综合执法的部分条文的解释》（中央编办发〔2009〕35号）的规定，由有关部门依据相关法律法规管理。

第三十九条　本办法自二〇一〇年八月一日起施行。

网络交易管理办法

国家工商行政管理总局令

第 60 号

《网络交易管理办法》已经中华人民共和国国家工商行政管理总局局务会审议通过，现予公布，自 2014 年 3 月 15 日起施行。

国家工商行政管理总局局长

2014 年 1 月 26 日

第一章 总 则

第一条 为规范网络商品交易及有关服务，保护消费者和经营者的合法权益，促进网络经济持续健康发展，依据《消费者权益保护法》、《产品质量法》、《反不正当竞争法》、《合同法》、《商标法》、《广告法》、《侵权责任法》和《电子签名法》等法律、法规，制定本办法。

第二条　在中华人民共和国境内从事网络商品交易及有关服务，应当遵守中华人民共和国法律、法规和本办法的规定。

第三条　本办法所称网络商品交易，是指通过互联网（含移动互联网）销售商品或者提供服务的经营活动。

本办法所称有关服务，是指为网络商品交易提供第三方交易平台、宣传推广、信用评价、支付结算、物流、快递、网络接入、服务器托管、虚拟空间租用、网站网页设计制作等营利性服务。

第四条　从事网络商品交易及有关服务应当遵循自愿、公平、诚实信用的原则，遵守商业道德和公序良俗。

第五条　鼓励支持网络商品经营者、有关服务经营者创新经营模式，提升服务水平，推动网络经济发展。

第六条　鼓励支持网络商品经营者、有关服务经营者成立行业组织，建立行业公约，推动行业信用建设，加强行业自律，促进行业规范发展。

第二章　网络商品经营者和有关
服务经营者的义务

第一节　一般性规定

第七条　从事网络商品交易及有关服务的经营者，应当依法办理工商登记。

从事网络商品交易的自然人，应当通过第三方交易平台开展经营活动，并向第三方交易平台提交其姓名、地址、有效身份证明、有效联系方式等真实身份信息。具备登记注册条件的，依法办理工商登记。

从事网络商品交易及有关服务的经营者销售的商品或者提供的服务属于法律、行政法规或者国务院决定规定应当取得行政许可的，应当依法取得有关许可。

第八条 已经工商行政管理部门登记注册并领取营业执照的法人、其他经济组织或者个体工商户，从事网络商品交易及有关服务的，应当在其网站首页或者从事经营活动的主页面醒目位置公开营业执照登载的信息或者其营业执照的电子链接标识。

第九条 网上交易的商品或者服务应当符合法律、法规、规章的规定。法律、法规禁止交易的商品或者服务，经营者不得在网上进行交易。

第十条 网络商品经营者向消费者销售商品或者提供服务，应当遵守《消费者权益保护法》和《产品质量法》等法律、法规、规章的规定，不得损害消费者合法权益。

第十一条 网络商品经营者向消费者销售商品或者提供服务，应当向消费者提供经营地址、联系方式、商品或者服务的数量和质量、价款或者费用、履行期限和方式、支付形式、退换货方式、安全注意事项和风险警示、售后服务、民事责任等信息，采取安全保障措施确保交易安全可靠，并按照承诺提供商品或者服务。

第十二条 网络商品经营者销售商品或者提供服务，应当保证商品或者服务的完整性，不得将商品或者服务不合理拆分出售，不得确定最低消费标准或者另行收取不合理的费用。

第十三条 网络商品经营者销售商品或者提供服务，应当按照国家有关规定或者商业惯例向消费者出具发票等购货凭证或者服务单据；征得消费者同意的，可以以电子化形式出具。电子化的购货凭证或者服务单据，可以作为处理消费投诉的依据。

消费者索要发票等购货凭证或者服务单据的，网络商品经营者必须出具。

第十四条 网络商品经营者、有关服务经营者提供的商品或者服务信息应当真实准确，不得作虚假宣传和虚假表示。

第十五条 网络商品经营者、有关服务经营者销售商品或者提供服务，应当遵守《商标法》、《企业名称登记管理规定》等法律、法规、规章的规定，不得侵犯他人的注册商标专用权、企业名称权等权利。

第十六条 网络商品经营者销售商品，消费者有权自收到商品之日起七日内退货，且无需说明理由，但下列商品除外：

（一）消费者定作的；

（二）鲜活易腐的；

（三）在线下载或者消费者拆封的音像制品、计算机软件等数字化商品；

（四）交付的报纸、期刊。

除前款所列商品外，其他根据商品性质并经消费者在购买时确认不宜退货的商品，不适用无理由退货。

消费者退货的商品应当完好。网络商品经营者应当自收到退回商品之日起七日内返还消费者支付的商品价款。退回商品的运费由消费者承担；网络商品经营者和消费者另有约定的，按照约定。

第十七条 网络商品经营者、有关服务经营者在经营活动中使用合同格式条款的，应当符合法律、法规、规章的规定，按照公平原则确定交易双方的权利与义务，采用显著的方式提请消费者注意与消费者有重大利害关系的条款，并按照消费者的要求予以说明。

网络商品经营者、有关服务经营者不得以合同格式条款等方式作出排除或者限制消费者权利、减轻或者免除经营者责任、加重消费者责任等对消费者不公平、不合理的规定，不得利用合同格式条款并借助技术手段强制交易。

第十八条　网络商品经营者、有关服务经营者在经营活动中收集、使用消费者或者经营者信息，应当遵循合法、正当、必要的原则，明示收集、使用信息的目的、方式和范围，并经被收集者同意。网络商品经营者、有关服务经营者收集、使用消费者或者经营者信息，应当公开其收集、使用规则，不得违反法律、法规的规定和双方的约定收集、使用信息。

网络商品经营者、有关服务经营者及其工作人员对收集的消费者个人信息或者经营者商业秘密的数据信息必须严格保密，不得泄露、出售或者非法向他人提供。网络商品经营者、有关服务经营者应当采取技术措施和其他必要措施，确保信息安全，防止信息泄露、丢失。在发生或者可能发生信息泄露、丢失的情况时，应当立即采取补救措施。

网络商品经营者、有关服务经营者未经消费者同意或者请求，或者消费者明确表示拒绝的，不得向其发送商业性电子信息。

第十九条　网络商品经营者、有关服务经营者销售商品或者服务，应当遵守《反不正当竞争法》等法律的规定，不得以不正当竞争方式损害其他经营者的合法权益、扰乱社会经济秩序。同时，不得利用网络技术手段或者载体等方式，从事下列不正当竞争行为：

（一）擅自使用知名网站特有的域名、名称、标识或者使用与知名网站近似的域名、名称、标识，与他人知名网站相混淆，造成消费者误认；

（二）擅自使用、伪造政府部门或者社会团体电子标识，进行引人误解的虚假宣传；

（三）以虚拟物品为奖品进行抽奖式的有奖销售，虚拟物品在网络市场约定金额超过法律法规允许的限额；

（四）以虚构交易、删除不利评价等形式，为自己或他人提升商业信誉；

（五）以交易达成后违背事实的恶意评价损害竞争对手的商业信誉；

（六）法律、法规规定的其他不正当竞争行为。

第二十条 网络商品经营者、有关服务经营者不得对竞争对手的网站或者网页进行非法技术攻击，造成竞争对手无法正常经营。

第二十一条 网络商品经营者、有关服务经营者应当按照国家工商行政管理总局的规定向所在地工商行政管理部门报送经营统计资料。

第二节 第三方交易平台经营者的特别规定

第二十二条 第三方交易平台经营者应当是经工商行政管理部门登记注册并领取营业执照的企业法人。

前款所称第三方交易平台，是指在网络商品交易活动中为交易双方或者多方提供网页空间、虚拟经营场所、交易规则、交易撮合、信息发布等服务，供交易双方或者多方独立开展交易活动的信息网络系统。

第二十三条 第三方交易平台经营者应当对申请进入平台销售商品或者提供服务的法人、其他经济组织或者个体工商户的经营主体身份进行审查和登记，建立登记档案并定期核实更新，在其从事经营活动的主页面醒目位置公开营业执照登载的信息或者其营业执照的电子链接标识。

第三方交易平台经营者应当对尚不具备工商登记注册条件、申请进入平台销售商品或者提供服务的自然人的真实身份信息进行审查和登记，建立登记档案并定期核实更新，核发证明个人身份信息真实合法的标记，加载在其从事经营活动的主页面醒目位置。

第三方交易平台经营者在审查和登记时，应当使对方知悉并同意登记协议，提请对方注意义务和责任条款。

第二十四条 第三方交易平台经营者应当与申请进入平台销售商品或者提供服务的经营者订立协议，明确双方在平台进入和退出、商品和服务质量安全保障、消费者权益保护等方面的权利、义务和责任。

第三方交易平台经营者修改其与平台内经营者的协议、交易规则，应当遵循公开、连续、合理的原则，修改内容应当至少提前七日予以公示并通知相关经营者。平台内经营者不接受协议或者规则修改内容、申请退出平台的，第三方交易平台经营者应当允许其退出，并根据原协议或者交易规则承担相关责任。

第二十五条 第三方交易平台经营者应当建立平台内交易规

则、交易安全保障、消费者权益保护、不良信息处理等管理制度。各项管理制度应当在其网站显示，并从技术上保证用户能够便利、完整地阅览和保存。

第三方交易平台经营者应当采取必要的技术手段和管理措施保证平台的正常运行，提供必要、可靠的交易环境和交易服务，维护网络交易秩序。

第二十六条 第三方交易平台经营者应当对通过平台销售商品或者提供服务的经营者及其发布的商品和服务信息建立检查监控制度，发现有违反工商行政管理法律、法规、规章的行为的，应当向平台经营者所在地工商行政管理部门报告，并及时采取措施制止，必要时可以停止对其提供第三方交易平台服务。

工商行政管理部门发现平台内有违反工商行政管理法律、法规、规章的行为，依法要求第三方交易平台经营者采取措施制止的，第三方交易平台经营者应当予以配合。

第二十七条 第三方交易平台经营者应当采取必要手段保护注册商标专用权、企业名称权等权利，对权利人有证据证明平台内的经营者实施侵犯其注册商标专用权、企业名称权等权利的行为或者实施损害其合法权益的其他不正当竞争行为的，应当依照《侵权责任法》采取必要措施。

第二十八条 第三方交易平台经营者应当建立消费纠纷和解和消费维权自律制度。消费者在平台内购买商品或者接受服务，发生消费纠纷或者其合法权益受到损害时，消费者要求平台调解的，平台应当调解；消费者通过其他渠道维权的，平台应当向消费者提供经营者的真实的网站登记信息，积极协助消费者维护自身合法权益。

第二十九条 第三方交易平台经营者在平台上开展商品或者服务自营业务的，应当以显著方式对自营部分和平台内其他经营者经营部分进行区分和标记，避免消费者产生误解。

第三十条 第三方交易平台经营者应当审查、记录、保存在其平台上发布的商品和服务信息内容及其发布时间。平台内经营者的营业执照或者个人真实身份信息记录保存时间从经营者在平台的登记注销之日起不少于两年，交易记录等其他信息记录备份保存时间从交易完成之日起不少于两年。

第三方交易平台经营者应当采取电子签名、数据备份、故障恢复等技术手段确保网络交易数据和资料的完整性和安全性，并应当保证原始数据的真实性。

第三十一条 第三方交易平台经营者拟终止提供第三方交易平台服务的，应当至少提前三个月在其网站主页面醒目位置予以公示并通知相关经营者和消费者，采取必要措施保障相关经营者和消费者的合法权益。

第三十二条 鼓励第三方交易平台经营者为交易当事人提供公平、公正的信用评价服务，对经营者的信用情况客观、公正地进行采集与记录，建立信用评价体系、信用披露制度以警示交易风险。

第三十三条 鼓励第三方交易平台经营者设立消费者权益保证金。消费者权益保证金应当用于对消费者权益的保障，不得挪作他用，使用情况应当定期公开。

第三方交易平台经营者与平台内的经营者协议设立消费者权益保证金的，双方应当就消费者权益保证金提取数额、管理、使用和退还办法等作出明确约定。

第三十四条 第三方交易平台经营者应当积极协助工商行政管理部门查处网上违法经营行为，提供在其平台内涉嫌违法经营的经营者的登记信息、交易数据等资料，不得隐瞒真实情况。

第三节 其他有关服务经营者的特别规定

第三十五条 为网络商品交易提供网络接入、服务器托管、虚拟空间租用、网站网页设计制作等服务的有关服务经营者，应当要求申请者提供经营资格证明和个人真实身份信息，签订服务合同，依法记录其上网信息。申请者营业执照或者个人真实身份信息等信息记录备份保存时间自服务合同终止或者履行完毕之日起不少于两年。

第三十六条 为网络商品交易提供信用评价服务的有关服务经营者，应当通过合法途径采集信用信息，坚持中立、公正、客观原则，不得任意调整用户的信用级别或者相关信息，不得将收集的信用信息用于任何非法用途。

第三十七条 为网络商品交易提供宣传推广服务应当符合相关法律、法规、规章的规定。

通过博客、微博等网络社交载体提供宣传推广服务、评论商品或者服务并因此取得酬劳的，应当如实披露其性质，避免消费者产生误解。

第三十八条 为网络商品交易提供网络接入、支付结算、物流、快递等服务的有关服务经营者，应当积极协助工商行政管理部门查处网络商品交易相关违法行为，提供涉嫌违法经营的网络商品经营者的登记信息、联系方式、地址等相关数据资料，不得隐瞒真实情况。

第三章 网络商品交易及
有关服务监督管理

第三十九条 网络商品交易及有关服务的监督管理由县级以上工商行政管理部门负责。

第四十条 县级以上工商行政管理部门应当建立网络商品交易及有关服务信用档案，记录日常监督检查结果、违法行为查处等情况。根据信用档案的记录，对网络商品经营者、有关服务经营者实施信用分类监管。

第四十一条 网络商品交易及有关服务违法行为由发生违法行为的经营者住所所在地县级以上工商行政管理部门管辖。对于其中通过第三方交易平台开展经营活动的经营者，其违法行为由第三方交易平台经营者住所所在地县级以上工商行政管理部门管辖。第三方交易平台经营者住所所在地县级以上工商行政管理部门管辖异地违法行为人有困难的，可以将违法行为人的违法情况移交违法行为人所在地县级以上工商行政管理部门处理。

两个以上工商行政管理部门因网络商品交易及有关服务违法行为的管辖权发生争议的，应当报请共同的上一级工商行政管理部门指定管辖。

对于全国范围内有重大影响、严重侵害消费者权益、引发群体投诉或者案情复杂的网络商品交易及有关服务违法行为，由国家工商行政管理总局负责查处或者指定省级工商行政管理局负责查处。

第四十二条 网络商品交易及有关服务活动中的消费者向工

商行政管理部门投诉的，依照《工商行政管理部门处理消费者投诉办法》处理。

第四十三条　县级以上工商行政管理部门对涉嫌违法的网络商品交易及有关服务行为进行查处时，可以行使下列职权：

（一）询问有关当事人，调查其涉嫌从事违法网络商品交易及有关服务行为的相关情况；

（二）查阅、复制当事人的交易数据、合同、票据、账簿以及其他相关数据资料；

（三）依照法律、法规的规定，查封、扣押用于从事违法网络商品交易及有关服务行为的商品、工具、设备等物品，查封用于从事违法网络商品交易及有关服务行为的经营场所；

（四）法律、法规规定可以采取的其他措施。

工商行政管理部门依法行使前款规定的职权时，当事人应当予以协助、配合，不得拒绝、阻挠。

第四十四条　工商行政管理部门对网络商品交易及有关服务活动的技术监测记录资料，可以作为对违法的网络商品经营者、有关服务经营者实施行政处罚或者采取行政措施的电子数据证据。

第四十五条　在网络商品交易及有关服务活动中违反工商行政管理法律法规规定，情节严重，需要采取措施制止违法网站继续从事违法活动的，工商行政管理部门可以依照有关规定，提请网站许可或者备案地通信管理部门依法责令暂时屏蔽或者停止该违法网站接入服务。

第四十六条　工商行政管理部门对网站违法行为作出行政处罚后，需要关闭该违法网站的，可以依照有关规定，提请网站许可或者备案地通信管理部门依法关闭该违法网站。

第四十七条 工商行政管理部门在对网络商品交易及有关服务活动的监督管理中发现应当由其他部门查处的违法行为的，应当依法移交相关部门。

第四十八条 县级以上工商行政管理部门应当建立网络商品交易及有关服务监管工作责任制度，依法履行职责。

第四章 法律责任

第四十九条 对于违反本办法的行为，法律、法规另有规定的，从其规定。

第五十条 违反本办法第七条第二款、第二十三条、第二十五条、第二十六条第二款、第二十九条、第三十条、第三十四条、第三十五条、第三十六条、第三十八条规定的，予以警告，责令改正，拒不改正的，处以一万元以上三万元以下的罚款。

第五十一条 违反本办法第八条、第二十一条规定的，予以警告，责令改正，拒不改正的，处以一万元以下的罚款。

第五十二条 违反本办法第十七条规定的，按照《合同违法行为监督处理办法》的有关规定处罚。

第五十三条 违反本办法第十九条第（一）项规定的，按照《反不正当竞争法》第二十一条的规定处罚；违反本办法第十九条第（二）项、第（四）项规定的，按照《反不正当竞争法》第二十四条的规定处罚；违反本办法第十九条第（三）项规定的，按照《反不正当竞争法》第二十六条的规定处罚；违反本办法第十九条第（五）项规定的，予以警告，责令改正，并处一万元以上三万元以下的罚款。

第五十四条 违反本办法第二十条规定的，予以警告，责令改正，并处一万元以上三万元以下的罚款。

第五章 附 则

第五十五条 通过第三方交易平台发布商品或者营利性服务信息、但交易过程不直接通过平台完成的经营活动，参照适用本办法关于网络商品交易的管理规定。

第五十六条 本办法由国家工商行政管理总局负责解释。

第五十七条 省级工商行政管理部门可以依据本办法的规定制定网络商品交易及有关服务监管实施指导意见。

第五十八条 本办法自2014年3月15日起施行。国家工商行政管理总局2010年5月31日发布的《网络商品交易及有关服务行为管理暂行办法》同时废止。

附 录

网络商品交易及有关服务行为管理暂行办法

国家工商行政管理总局令

第 49 号

《网络商品交易及有关服务行为管理暂行办法》已经中华人民共和国国家工商行政管理总局局务会审议通过，现予公布，自 2010 年 7 月 1 日起施行。

国家工商行政管理总局局长

二〇一〇年五月三十一日

第一章 总 则

第一条 为规范网络商品交易及有关服务行为，保护消费者和经营者的合法权益，促进网络经济持续健康发展，依据《合同法》、《侵权责任法》、《消费者权益保护法》、《产品质量法》、《反不正当竞争法》、《商标法》、《广告法》、《食品安全法》和《电子签名法》等法律、法规，制定本办法。

第二条 网络商品经营者和网络服务经营者在中华人民共和

国境内从事网络商品交易及有关服务行为，应当遵守中华人民共和国法律、法规和本办法的规定。

第三条　本办法所称的网络商品经营者，是指通过网络销售商品的法人、其他经济组织或者自然人。

本办法所称的网络服务经营者，是指通过网络提供有关经营性服务的法人、其他经济组织或者自然人，以及提供网络交易平台服务的网站经营者。

第四条　工商行政管理部门鼓励、支持网络商品交易及有关服务行为的发展，实施更加积极的政策，促进网络经济发展。提高网络商品经营者和网络服务经营者的整体素质和市场竞争力，发挥网络经济在促进国民经济和社会发展中的作用。

第五条　工商行政管理部门依照职能为网络商品交易及有关服务行为提供公平、公正、规范、有序的市场环境，提倡和营造诚信的市场氛围，保护消费者和经营者的合法权益。

第六条　网络商品经营者和网络服务经营者在网络商品交易及有关服务行为中不得损害国家利益和公众利益，不得损害消费者的合法权益。

第七条　网络商品经营者和网络服务经营者在网络商品交易及有关服务行为中应当遵循诚实信用的原则，遵守公认的商业道德。

第八条　网络商品经营者和网络服务经营者在网络商品交易及有关服务行为中应当遵循公平、公正、自愿的原则，维护国家利益，承担社会责任。

第九条　鼓励、支持网络商品经营者和网络服务经营者成立行业协会，建立网络诚信体系，加强行业自律，推动行业信用建设。

第二章　网络商品经营者和网络服务经营者的义务

第十条　已经工商行政管理部门登记注册并领取营业执照的法人、其他经济组织或者个体工商户，通过网络从事商品交易及有关服务行为的，应当在其网站主页面或者从事经营活动的网页醒目位置公开营业执照登载的信息或者其营业执照的电子链接标识。

通过网络从事商品交易及有关服务行为的自然人，应当向提供网络交易平台服务的经营者提出申请，提交其姓名和地址等真实身份信息。具备登记注册条件的，依法办理工商登记注册。

第十一条　网上交易的商品或者服务应当符合法律、法规、规章的规定。法律法规禁止交易的商品或者服务，经营者不得在网上进行交易。

第十二条　网络商品经营者和网络服务经营者向消费者提供商品或者服务，应当遵守《消费者权益保护法》和《产品质量法》等法律、法规、规章的规定，不得损害消费者合法权益。

第十三条　网络商品经营者和网络服务经营者向消费者提供商品或者服务，应当事先向消费者说明商品或者服务的名称、种类、数量、质量、价格、运费、配送方式、支付形式、退换货方式等主要信息，采取安全保障措施确保交易安全可靠，并按照承诺提供商品或者服务。

网络商品经营者和网络服务经营者提供电子格式合同条款的，应当符合法律、法规、规章的规定，按照公平原则确定交易双方的权利与义务，并采用合理和显著的方式提请消费者注意与消费

者权益有重大关系的条款，并按照消费者的要求对该条款予以
说明。

网络商品经营者和网络服务经营者不得以电子格式合同条款
等方式作出对消费者不公平、不合理的规定，或者减轻、免除经
营者义务、责任或者排除、限制消费者主要权利的规定。

第十四条 网络商品经营者和网络服务经营者提供商品或者
服务，应当保证商品和服务的完整性，不得将商品和服务不合理
拆分出售，不得确定最低消费标准以及另行收取不合理的费用。

第十五条 网络商品经营者和网络服务经营者向消费者出具
购货凭证或者服务单据，应当符合国家有关规定或者商业惯例；
征得消费者同意的，可以以电子化形式出具。电子化的购货凭证
或者服务单据，可以作为处理消费投诉的依据。

消费者要求网络商品经营者和网络服务经营者出具购货凭证
或者服务单据的，经营者应当出具。

第十六条 网络商品经营者和网络服务经营者对收集的消费
者信息，负有安全保管、合理使用、限期持有和妥善销毁义务；
不得收集与提供商品和服务无关的信息，不得不正当使用，不得
公开、出租、出售。但是法律、法规另有规定的除外。

第十七条 网络商品经营者和网络服务经营者发布的商品和
服务交易信息应当真实准确，不得作虚假宣传和虚假表示。

第十八条 网络商品经营者和网络服务经营者提供商品或者
服务，应当遵守《商标法》、《反不正当竞争法》、《企业名称登记
管理规定》等法律、法规、规章的规定，不得侵犯他人的注册商
标专用权、企业名称权等权利。

第十九条 网络商品经营者和网络服务经营者不得利用网络

技术手段或者载体等方式，实施损害其他经营者的商业信誉、商品声誉以及侵犯权利人商业秘密等不正当竞争行为。

第三章 提供网络交易平台服务的经营者的义务

第二十条 提供网络交易平台服务的经营者应当对申请通过网络交易平台提供商品或者服务的法人、其他经济组织或者自然人的经营主体身份进行审查。

提供网络交易平台服务的经营者应当对暂不具备工商登记注册条件，申请通过网络交易平台提供商品或者服务的自然人的真实身份信息进行审查和登记，建立登记档案并定期核实更新。核发证明个人身份信息真实合法的标记，加载在其从事商品交易或者服务活动的网页上。

提供网络交易平台服务的经营者在审查和登记时，应当使对方知悉并同意登记协议，并提请对方注意义务和责任条款。

第二十一条 提供网络交易平台服务的经营者应当与申请进入网络交易平台进行交易的经营者签订合同（协议），明确双方在网络交易平台进入和退出、商品和服务质量安全保障、消费者权益保护等方面的权利、义务和责任。

第二十二条 提供网络交易平台服务的经营者应当建立网络交易平台管理规章制度，包括：交易规则、交易安全保障、消费者权益保护、不良信息处理等规章制度。各项规章制度应当在其网站显示，并从技术上保证用户能够便利、完整地阅览和保存。

提供网络交易平台服务的经营者应当采取必要的技术手段和管理措施以保证网络交易平台的正常运行，提供必要、可靠的交易环境和交易服务，维护网络交易秩序。

第二十三条 提供网络交易平台服务的经营者应当对通过网络交易平台提供商品或者服务的经营者，及其发布的商品和服务信息建立检查监控制度，发现有违反工商行政管理法律、法规、规章的行为的，应当向所在地工商行政管理部门报告，并及时采取措施制止，必要时可以停止对其提供网络交易平台服务。

工商行政管理部门发现网络交易平台内有违反工商行政管理法律、法规、规章的行为，依法要求提供网络交易平台服务的经营者采取措施制止的，提供网络交易平台服务的经营者应当予以配合。

第二十四条 提供网络交易平台服务的经营者应当采取必要手段保护注册商标专用权、企业名称权等权利，对权利人有证据证明网络交易平台内的经营者实施侵犯其注册商标专用权、企业名称权等权利的行为或者实施损害其合法权益的不正当竞争行为的，应当依照《侵权责任法》采取必要措施。

第二十五条 提供网络交易平台服务的经营者应当采取必要措施保护涉及经营者商业秘密或者消费者个人信息的数据资料信息的安全。非经交易当事人同意，不得向任何第三方披露、转让、出租或者出售交易当事人名单、交易记录等涉及经营者商业秘密或者消费者个人信息的数据。但是法律、法规另有规定的除外。

第二十六条 提供网络交易平台服务的经营者应当建立消费纠纷和解和消费维权自律制度。消费者在网络交易平台购买商品或者接受服务，发生消费纠纷或者其合法权益受到损害的，提供网络交易平台服务的经营者应当向消费者提供经营者的真实的网站登记信息，积极协助消费者维护自身合法权益。

第二十七条 鼓励提供网络交易平台服务的经营者为交易当

事人提供公平、公正的信用评估服务，对经营者的信用情况客观、公正地进行采集与记录，建立信用评价体系、信用披露制度以警示交易风险。

第二十八条 提供网络交易平台服务的经营者应当积极协助工商行政管理部门查处网上违法经营行为，提供在其网络交易平台内进行违法经营的经营者的登记信息、交易数据备份等资料，不得隐瞒真实情况，不得拒绝或者阻挠行政执法检查。

第二十九条 提供网络交易平台服务的经营者应当审查、记录、保存在其平台上发布的网络商品交易及有关服务信息内容及其发布时间。经营者营业执照或者个人真实身份信息记录保存时间从经营者在网络交易平台的登记注销之日起不少于两年，交易记录等其他信息记录备份保存时间从交易完成之日起不少于两年。

提供网络交易平台服务的经营者应当采取数据备份、故障恢复等技术手段确保网络交易数据和资料的完整性和安全性，并应当保证原始数据的真实性。

第三十条 提供网络交易平台服务的经营者应当按照国家工商行政管理总局规定的内容定期向所在地工商行政管理部门报送网络商品交易及有关服务经营统计资料。

第三十一条 为网络商品交易及有关服务行为提供网络接入、服务器托管、虚拟空间租用等服务的网络服务经营者，应当要求申请者提供经营资格和个人真实身份信息，签订网络服务合同，依法记录其上网信息。申请者营业执照或者个人真实身份信息等信息记录备份保存时间不得少于60日。

第四章 网络商品交易及有关服务行为监督管理

第三十二条 网络商品交易及有关服务行为的监督管理由县

级（含县级）以上工商行政管理部门负责。

第三十三条 县级以上工商行政管理部门应当建立信用档案。记录日常监督检查结果、违法行为查处等情况；根据信用档案的记录，对网络商品经营者和网络服务经营者实施信用分类监管。

第三十四条 在网络商品交易及有关服务行为中违反工商行政管理法律法规规定，情节严重，需要采取措施制止违法网站继续从事违法活动的，工商行政管理部门应当依照有关规定，提请网站许可地通信管理部门依法责令暂时屏蔽或者停止该违法网站接入服务。

第三十五条 工商行政管理部门对网站违法行为作出行政处罚后，需要关闭该违法网站的，应当依照有关规定，提请网站许可地通信管理部门依法关闭该违法网站。

第三十六条 网络商品交易及有关服务违法行为由发生违法行为的网站的经营者住所所在地县级以上工商行政管理部门管辖。网站的经营者住所所在地县级以上工商行政管理部门管辖异地违法行为人有困难的，可以将违法行为人的违法情况移交违法行为人所在地县级以上工商行政管理部门处理。

第三十七条 县级以上工商行政管理部门应当建立网络商品交易及有关服务行为监管责任制度和责任追究制度，依法履行职责。

第五章 法律责任

第三十八条 违反本办法规定，法律、法规有处罚规定的，依照法律、法规的规定处罚。

第三十九条 违反本办法第十条第一款、第二十八条、第二十九条、第三十条规定的，予以警告，责令限期改正，逾期不改正的，处以一万元以下的罚款。

第四十条 违反本办法第二十条规定的，责令限期改正，逾期不改正的，处以一万以上三万元以下的罚款。

第四十一条 违反办法第十六条、第二十五条，侵犯消费者个人信息的，予以警告，责令限期改正，逾期不改正的，处以一万元以下的罚款。

违反办法第二十五条，侵犯经营者商业秘密的，按照《反不正当竞争法》和《关于禁止侵犯商业秘密行为的若干规定》处理。

第六章 附 则

第四十二条 本办法由国家工商行政管理总局负责解释。

第四十三条 省级工商行政管理部门可以依据本办法的规定制定网络商品交易及有关服务行为实施指导意见。

第四十四条 本办法自 2010 年 7 月 1 日起施行。

网络商品和服务集中促销活动管理暂行规定

国家工商行政管理总局令

第 77 号

《网络商品和服务集中促销活动管理暂行规定》已经
中华人民共和国国家工商行政管理总局局务会审议通过，
现予公布，自 2015 年 10 月 1 日起施行。

国家工商行政管理总局局长

2015 年 9 月 2 日

第一章 总 则

第一条 为规范网络商品和服务集中促销活动，保护消费者
和经营者的合法权益，维护公平有序的网络商品和服务交易秩序，
根据《消费者权益保护法》《反不正当竞争法》《广告法》等法
律、法规的规定，制定本规定。

第二条 本规定所称网络商品和服务集中促销活动（以下简
称网络集中促销），是指在特定时间内网络集中促销组织者组织网
络集中促销经营者在互联网上，通过提供优惠条件开展销售商品
或者提供服务的经营活动。

第三条 本规定所称网络集中促销组织者，是指组织网络集
中促销的第三方交易平台。

网络集中促销组织者应当是经工商行政管理部门登记注册并

领取营业执照的企业法人。

第四条 本规定所称网络集中促销经营者，是指在网络集中促销中向消费者销售商品或者提供服务的企业、个体工商户、其他经济组织以及已在交易平台办理实名登记的自然人。

网络集中促销经营者销售的商品或者提供的服务属于法律、行政法规或者国务院决定规定应当取得行政许可的，应当依法取得有关许可并在网页显著位置予以公示。

第五条 网络集中促销组织者、经营者应当遵守相关法律、法规、规章的规定，遵循自愿、公平、诚实信用的原则，遵守商业道德和公序良俗。

第二章 网络集中促销组织者的义务

第六条 网络集中促销组织者应当对网络集中促销经营者的经营主体身份进行审查和登记。

网络集中促销组织者应当按照《网络交易管理办法》的规定，记录、保存促销活动期间在其平台上发布的商品和服务信息内容及其发布时间。

第七条 网络集中促销组织者应当对网络集中促销经营者的促销活动进行检查监控，发现有违反工商行政管理法律、法规、规章的行为的，应当向平台经营者所在地工商行政管理部门报告，并及时采取措施制止，必要时可以停止对其提供第三方交易平台服务，并予公示。

第八条 网络集中促销组织者应当在网站显著位置并以显著方式，事先公示网络集中促销的期限、方式和规则等信息。

第九条 网络集中促销组织者不得采用格式条款设置订金不

退、预售商品不适用七日无理由退货、自行解释商品完好、增加限退条件等排除或者限制消费者权利、减轻或者免除经营者责任、加重消费者责任等对消费者不公平、不合理的规定。

第十条 网络集中促销组织者应当依据可以查验的统计结果公布网络集中促销的成交量、成交额，不得对成交量、成交额进行虚假宣传，不得直接或者间接为网络集中促销经营者虚构交易、成交量或者虚假用户评价。

虚构交易、成交量或者虚假用户评价是指，网络集中促销经营者通过不正当方式获得关于其销售商品的销量、经营者店铺评分、信用积分、商品好评度评分、删除不利评论等有助于其产生商业利益、妨害消费者和其他经营者合法权益的行为。

第十一条 网络集中促销组织者不得违反《反垄断法》《反不正当竞争法》等法律、法规、规章的规定，限制、排斥平台内的网络集中促销经营者参加其他第三方交易平台组织的促销活动。

第三章 网络集中促销经营者的义务

第十二条 网络集中促销经营者除应当依照《网络交易管理办法》第十一条的规定提供商品或者服务的信息外，还应当在网店页面显著位置并以显著方式公示网络集中促销的期限、方式和规则。

第十三条 网络集中促销经营者的广告应当真实、准确，不得含有虚假内容，不得欺骗和误导消费者。

附条件的促销广告，应当将附加条件在促销广告页面上一并清晰完整表述。

第十四条 禁止采用下列不正当手段进行促销活动：

（一）标示商品的品名、用途、性能、产地、规格、等级、质量、价格或者服务的项目、价格等有关内容与实际不符；

（二）在促销中提供赠品、免费服务的，标示的赠品、免费服务的名称、数量和质量、履行期限和方式、安全注意事项和风险警示、售后服务等与消费者有重大利害关系的信息与实际不符；

（三）采用虚构交易、成交量或者虚假用户评价等不正当方式虚抬商誉，损害消费者和其他经营者合法权益。

第十五条 网络集中促销经营者在促销的商品或者服务销售完毕后，应当在促销页面、购买页面及时告知消费者。

第十六条 网络集中促销经营者在促销活动中销售、附赠的商品应当符合《产品质量法》的规定，不得销售、附赠国家明令禁止销售的商品，不得因促销降低商品质量。

网络集中促销中附赠的商品，应当依照《消费者权益保护法》和《产品质量法》的规定提供"三包"服务。

第十七条 网络集中促销经营者在促销活动中赠送消费积分或者发放优惠券的，应当标明消费积分或者优惠券的使用条件、方法和期限。

网络集中促销经营者改变消费积分或者优惠券使用条件、方法和期限的，应当征得消费者同意。增加有利于消费者权益的变更除外。

第十八条 网络集中促销经营者在促销活动中开展有奖促销的，应当符合《反不正当竞争法》的规定并公示可查验的抽奖方法，不得虚构奖品数量和质量，不得进行虚假抽奖或者操纵抽奖。

第四章 法律责任

第十九条 网络集中促销组织者违反本规定第六条规定的，

依照《网络交易管理办法》第五十条的规定查处。

第二十条 网络集中促销组织者违反本规定第九条规定的，依照《合同违法行为监督处理办法》的规定查处。

第二十一条 网络集中促销组织者或者网络集中促销经营者违反本规定第十条、第十四条、第十八条规定的，依照《反不正当竞争法》的规定查处。

第二十二条 网络集中促销组织者违反本规定第十一条规定的，依照《反垄断法》《反不正当竞争法》等法律、法规、规章的规定查处。

第二十三条 网络集中促销经营者违反本规定第十三条规定的，依照《广告法》的规定查处。

第二十四条 网络集中促销经营者违反本规定第十六条规定的，依照《消费者权益保护法》《产品质量法》等法律、法规的规定查处。

第五章 附 则

第二十五条 本规定由国家工商行政管理总局负责解释。

第二十六条 本规定自 2015 年 10 月 1 日起施行。

网络零售第三方平台交易规则
制定程序规定（试行）

中华人民共和国商务部令

2014 年第 7 号

《网络零售第三方平台交易规则制定程序规定（试行）》已经 2014 年 12 月 1 日商务部第 32 次部务会议审议通过，现予发布，自 2015 年 4 月 1 日起施行。

商务部部长

2014 年 12 月 24 日

第一条 为了促进网络零售的健康发展，保护依托第三方平台网络零售活动中各主体的合法权益，维护公共利益，加强公共信息服务，根据有关法律法规，制定本规定。

第二条 网络零售第三方平台经营者制定、修改、实施交易规则应当遵守本规定。

第三条 本规定所称交易规则，是指网络零售第三方平台经营者制定、修改、实施的适用于使用平台服务的不特定主体、涉及社会公共利益的公开规则。

本规定所称网络零售第三方平台经营者，是指为其他经营者进行网络零售提供虚拟经营场所及相关服务，且在中华人民共和国境内经营的法人及其他组织。

本规定所称网络零售，是指以互联网为媒介向消费者销售商品或提供经营性服务的行为。

第四条 网络零售第三方平台交易规则的制定、修改、实施应当遵循公开、公平、公正的原则，遵守法律、行政法规，尊重社会公德，不得扰乱社会经济秩序，损害社会公共利益。

第五条 商务部负责建设网络零售第三方平台交易规则备案系统，省、自治区、直辖市商务主管部门（以下称省级商务主管部门）负责网络零售第三方平台交易规则备案等日常管理。

第六条 网络零售第三方平台经营者制定、修改、实施的下列交易规则应按照本规定公示并备案：

（一）基本规则，指网络零售经营者和消费者在第三方平台注册的规则及关于交易成立、有效性和履行的基础性规则。

（二）责任及风险分担规则，指网络零售第三方平台经营者对网络零售经营者和消费者承担民事责任或者免除责任的规则及风险分担的规则。

（三）知识产权保护规则，指保护知识产权以及防止假冒伪劣商品的规则。

（四）信用评价规则，指网络零售第三方平台经营者为交易双方提供信用评价服务，以及收集、记录、披露交易双方信用情况的规则。

（五）消费者权益保护规则，指保护消费者知情权、合理退货权、获得赔偿权等合法权益，保护消费者个人信息及交易记录的规则。

（六）信息披露规则，指网络零售第三方平台经营者对网络零售经营者进行实名登记、审核其法定营业资格的规则。

（七）防范和制止违法信息规则，指网络零售第三方平台经营者防范和制止在其平台上发布违反国家法律法规规定的商品和服务信息、网络广告等规则。

（八）交易纠纷解决规则，指网络零售第三方平台经营者解决与网络零售经营者、消费者之间争议的机制及规则。

（九）交易规则适用的规定，指交易规则适用对象、范围和期限的规定。

（十）交易规则的修改规定，指交易规则变更、修改的程序和方式的规定。

（十一）其他必要的交易规则或与规则相关的措施。

第七条 网络零售第三方平台经营者制定或修改的交易规则，应当在网站主页面醒目位置公开征求意见，并应采取合理措施确保交易规则的利益相关方及时、充分知晓并表达意见，通过合理方式公开收到的意见及答复处理意见，征求意见的时间不得少于七日。

第八条 符合下列情形之一的交易规则，可以不公开征求意见：

（一）为符合法律法规要求修改的交易规则；

（二）根据省级人民政府有关部门要求，为保护消费者权益，需紧急采取措施的交易规则。

第九条 网络零售第三方平台经营者应在交易规则实施前七日在网站醒目位置予以公开，涉及商业秘密的除外。

第十条 网络零售第三方平台经营者制定、修改、实施的交易规则对网络零售经营者和消费者有重大影响的，应制定合理过渡措施。

第十一条　网络零售第三方平台经营者应当主动采取合理的方式保障利益相关方全面、方便地了解所实施的交易规则的内容，并提请其注意有关免除或限制网络零售第三方平台经营者或者利益相关方责任的内容。

网络零售第三方平台经营者应当按照利益相关方的要求，在收到申请之日起七日内以合理方式对交易规则作出说明。

第十二条　网络零售第三方平台经营者应在交易规则实施七日内自行登录网络零售第三方平台交易规则备案系统，提交本规定所列交易规则、征求的公众意见及意见答复处理情况。

第十三条　网络零售第三方平台经营者对其交易规则进行修改时，应按本规定第十二条的要求将修改部分重新备案。

第十四条　商务主管部门通过网络零售第三方平台交易规则备案系统免费提供已备案交易规则的公开查询服务。

第十五条　任何单位和个人可通过网络零售第三方平台交易规则备案系统向网络零售第三方平台经营者所在地省级商务主管部门举报违反本规定的交易规则。

省级商务主管部门确定举报内容属于本部门职责的应依法及时处理，不属于本部门职责的应及时移送相关部门。

第十六条　国家鼓励行业组织开展行业规范自律，对已备案的交易规则提出意见，建立与网络零售第三方平台经营者的互动机制，推进第三方平台交易规则的标准化与规范化。

第十七条　网络零售第三方平台经营者有下列情形之一的，根据举报，所在地省级商务主管部门可以向其提出行政指导建议书：

（一）未按本规定第十一条提醒利益相关方注意有关免除或者

限制责任内容的；

（二）未按本规定备案交易规则的；

（三）备案信息不完整、不真实的。

第十八条 网络零售第三方平台经营者未按本规定制定、修改、实施交易规则的，由所在地省级商务主管部门依据职权责令限期改正，拒不改正的，处以警告，并向社会公布。

第十九条 网络零售第三方平台经营者制定、修改、实施交易规则损害社会公共利益，构成犯罪的，依法追究刑事责任。

第二十条 网络零售第三方平台经营者违反本规定第十二条、第十三条，未备案或提交虚假备案信息的，由所在地省级商务主管部门依据职权责令限期改正，拒不改正的，处以警告，并向社会公布。

第二十一条 商务主管部门及其工作人员违反本规定，拒不履行职责，依法给予处分；构成犯罪的，依法追究刑事责任。

第二十二条 本规定施行之日前已经实施的交易规则，网络零售第三方平台经营者应当在本规定施行之日起六十日内进行备案。

第二十三条 本规定自 2015 年 4 月 1 日起施行。

附件：行政指导建议书（范本）（略）

网络交易平台合同格式条款规范指引

工商总局关于发布

《网络交易平台合同格式条款规范指引》的公告

工商市字〔2014〕144号

为规范网络交易平台合同格式条款，引导网络交易平台经营者依法履行合同义务，保护消费者和经营者合法权益，促进网络经济持续健康发展，工商总局制定了《网络交易平台合同格式条款规范指引》，现予发布，并自发布之日起施行。

特此公告。

工商总局

2014年7月30日

第一章 总 则

第一条 为规范网络交易平台合同格式条款，保护经营者和消费者的合法权益，促进网络经济持续健康发展，依据《中华人民共和国合同法》、《中华人民共和国消费者权益保护法》、《网络交易管理办法》等法律、法规和规章，制定本规范指引。

第二条 中华人民共和国境内设立的网络交易平台的经营者通过互联网（含移动互联网），以数据电文为载体，采用格式条款与平台内经营者或者消费者（以下称"合同相对人"）订立合同的，适用本规范指引。

第三条　本指引所称网络交易平台合同格式条款是网络交易平台经营者为了重复使用而预先拟定，并在订立合同时未与合同相对人协商的以下相关协议、规则或者条款：

（一）用户注册协议；

（二）商家入驻协议；

（三）平台交易规则；

（四）信息披露与审核制度；

（五）个人信息与商业秘密收集、保护制度；

（六）消费者权益保护制度；

（七）广告发布审核制度；

（八）交易安全保障与数据备份制度；

（九）争议解决机制；

（十）其他合同格式条款。

网络交易平台经营者以告示、通知、声明、须知、说明、凭证、单据等形式明确规定平台内经营者和消费者具体权利义务，符合前款规定的，依法视为合同格式条款。

第四条　工商行政管理机关在职权范围内，依法对利用合同格式条款侵害消费者合法权益的行为进行监督处理。

第五条　鼓励支持网络交易行业组织对本行业内合同格式条款的制定和使用进行规范，加强行业自律，促进行业规范发展。

第二章　合同格式条款的基本要求

第六条　网络交易平台经营者在经营活动中使用合同格式条款的，应当符合法律、法规和规章的规定，按照公平、公开和诚实信用的原则确定双方的权利与义务。

网络交易平台经营者修改合同格式条款的，应当遵循公开、连续、合理的原则，修改内容应当至少提前七日予以公示并通知合同相对人。

第七条 网络交易平台经营者应当在其网站主页面显著位置展示合同格式条款或者其电子链接，并从技术上保证平台内经营者或者消费者能够便利、完整地阅览和保存。

第八条 网络交易平台经营者应当在其网站主页面适当位置公示以下信息或者其电子链接：

（一）营业执照以及相关许可证；

（二）互联网信息服务许可或者备案信息；

（三）经营地址、邮政编码、电话号码、电子信箱等联系信息；

（四）法律、法规规定其他应披露的信息。

网络交易平台经营者应确保所披露的内容清晰、真实、全面、可被识别和易于获取。

第九条 网络交易平台经营者使用合同格式条款的，应当采用显著方式提请合同相对人注意与其有重大利害关系、对其权利可能造成影响的价款或者费用、履行期限和方式、安全注意事项和风险警示、售后服务、民事责任等内容。网络交易平台经营者应当按照合同相对人的要求对格式条款作出说明。鼓励网络交易平台经营者采取必要的技术手段和管理措施确保平台内经营者履行提示和说明义务。

前款所述显著方式是指，采用足以引起合同相对人注意的方式，包括：合理运用足以引起注意的文字、符号、字体等特别标识。不得以技术手段对合同格式条款设置不方便链接或者隐藏格式条款内容，不得仅以提示进一步阅读的方式履行提示义务。

网络交易平台经营者违反合同法第三十九条第一款关于提示和说明义务的规定，导致对方没有注意免除或者限制责任的条款，合同相对人依法可以向人民法院提出撤销该合同格式条款的申请。

网络交易平台经营者使用的合同格式条款，属于《消费者权益保护法》第二十六条第二款和《最高人民法院关于适用〈中华人民共和国合同法〉若干问题的解释（二）》第十条规定情形的，其内容无效。

第十条 网络交易平台经营者不得在合同格式条款中免除或者减轻自己的下列责任：

（一）造成消费者人身损害的责任；

（二）因故意或者重大过失造成消费者财产损失的责任；

（三）对平台内经营者提供商品或者服务依法应当承担的连带责任；

（四）对收集的消费者个人信息和经营者商业秘密的信息安全责任；

（五）依法应当承担的违约责任和其他责任。

第十一条 网络交易平台经营者不得有下列利用合同格式条款加重平台内经营者或者消费者责任的行为：

（一）使消费者承担违约金或者损害赔偿明显超过法定数额或者合理数额；

（二）使平台内经营者或者消费者承担依法应由网络交易平台经营者承担的责任；

（三）合同附终止期限的，擅自延长平台内经营者或者消费者履行合同的期限；

（四）使平台内经营者或者消费者承担在不确定期限内履行合同的责任；

（五）违法加重平台内经营者或消费者其他责任的行为。

第十二条 网络交易平台经营者不得在合同格式条款中排除或者限制平台内经营者或者消费者的下列权利：

（一）依法变更、撤销或者解除合同的权利；

（二）依法中止履行或者终止履行合同的权利；

（三）依法请求继续履行、采取补救措施、支付违约金或者损害赔偿的权利；

（四）就合同争议提起诉讼、仲裁或者其他救济途径的权利；

（五）请求解释格式条款的权利；

（六）平台内经营者或消费者依法享有的其他权利。

第十三条 对网络交易平台经营者提供的合同格式条款内容理解发生争议的，应当按照通常理解予以解释；对相应内容有两种以上解释的，应当作出不利于网络交易平台经营者的解释。格式条款与非格式条款不一致的，应当采用非格式条款。

第三章 合同格式条款的履行与救济

第十四条 网络交易平台合同格式条款可以包含当事各方约定的争议处理解决方式。对于小额和简单的消费争议，鼓励当事各方采用网络消费争议解决机制快速处理。

第十五条 支持消费者协会、网络交易行业协会或者其他消费者组织通过座谈会、问卷调查、点评等方式收集消费者对网络交易平台合同格式条款的意见，发现合同格式条款违反法律、法规和规章规定的，可以向相关主管部门提出。

认为网络交易平台合同格式条款损害消费者权益或者存在违法情形的，可以向相关主管部门投诉和举报。

第十六条 消费者因网络交易平台合同格式条款与网络交易平台经营者发生纠纷，向人民法院提起诉讼的，消费者协会或者其他消费者组织可以依法支持消费者提起诉讼。

第十七条 鼓励、引导网络交易平台经营者采用网络交易合同示范文本，或者参照合同示范文本制定合同格式条款。

第四章 附 则

第十八条 本规范指引所称网络交易平台是指第三方交易平台，即在网络商品交易活动中为交易双方或者多方提供网页空间、虚拟经营场所、交易规则、交易撮合、信息发布等服务，供交易双方或者多方独立开展交易活动的信息网络系统。

第十九条 网络商品经营者，通过互联网（含移动互联网），以数据电文为载体，采用格式条款与消费者订立合同的，参照适用本规范指引。

第二十条 本指引由国家工商行政管理总局负责解释。

第二十一条 国家工商行政管理总局将根据网络经济发展情况，适时发布相关领域合同格式条款规范指引。

第二十二条 本规范指引自发布之日起实施。

行政与科技法律法规读本

网络管理法律法规学习读本
互联网信息法律法规

叶浦芳　主编

加大全民普法力度，建设社会主义法治文化，树立宪法法律至上、法律面前人人平等的法治理念。

——中国共产党第十九次全国代表大会《决胜全面建成小康社会 夺取新时代中国特色社会主义伟大胜利》

汕頭大學出版社

图书在版编目（CIP）数据

互联网信息法律法规／叶浦芳主编 . -- 汕头：汕
头大学出版社（2021 . 7 重印）.

（网络管理法律法规学习读本）

ISBN 978-7-5658-3570-4

Ⅰ . ①互… Ⅱ . ①叶… Ⅲ . ①网络信息资源-计算机
网络管理-法律-中国-学习参考资料 Ⅳ .
①D922.174

中国版本图书馆 CIP 数据核字（2018）第 078075 号

互联网信息法律法规　　　　HULIANWANG XINXI FALÜ FAGUI

主　　编：叶浦芳

责任编辑：邹　峰

责任技编：黄东生

封面设计：大华文苑

出版发行：汕头大学出版社

　　　　　广东省汕头市大学路 243 号汕头大学校园内　　邮政编码：515063

电　　话：0754-82904613

印　　刷：三河市南阳印刷有限公司

开　　本：690mm×960mm 1/16

印　　张：18

字　　数：226 千字

版　　次：2018 年 5 月第 1 版

印　　次：2021 年 7 月第 2 次印刷

定　　价：59.60 元（全 2 册）

ISBN 978-7-5658-3570-4

前　言

习近平总书记指出："推进全民守法，必须着力增强全民法治观念。要坚持把全民普法和守法作为依法治国的长期基础性工作，采取有力措施加强法制宣传教育。要坚持法治教育从娃娃抓起，把法治教育纳入国民教育体系和精神文明创建内容，由易到难、循序渐进不断增强青少年的规则意识。要健全公民和组织守法信用记录，完善守法诚信褒奖机制和违法失信行为惩戒机制，形成守法光荣、违法可耻的社会氛围，使遵法守法成为全体人民共同追求和自觉行动。"

中共中央、国务院曾经转发了中央宣传部、司法部关于在公民中开展法治宣传教育的规划，并发出通知，要求各地区各部门结合实际认真贯彻执行。通知指出，全民普法和守法是依法治国的长期基础性工作。深入开展法治宣传教育，是全面建成小康社会和新农村的重要保障。

普法规划指出：各地区各部门要根据实际需要，从不同群体的特点出发，因地制宜开展有特色的法治宣传教育坚持集中法治宣传教育与经常性法治宣传教育相结合，深化法律进机关、进乡村、进社区、进学校、进企业、进单位的"法律六进"主题活动，完善工作标准，建立长效机制。

特别是农业、农村和农民问题，始终是关系党和人民事业发展的全局性和根本性问题。党中央、国务院发布的《关于推进社会主义新农村建设的若干意见》中明确提出要"加强农村法制建设，深入开展农村普法教育，增强农民的法制观念，提高农民依法行使权利和履行义务的自觉性。"多年普法实践证明，普及法律知识，提高法制观念，增强全社会依法办事意识具有重要作用。特别是在广大农村进行普法教育，是提高全民法律素质的需要。

多年来，我国在农村实行的改革开放取得了极大成功，农村发生了翻天覆地的变化，广大农民生活水平大大得到了提高。但是，由于历史和社会等原因，现阶段我国一些地区农民文化素质还不高，不学法、不懂法、不守法现象虽然较原来有所改变，但仍有相当一部分群众的法制观念仍很淡化，不懂、不愿借助法律来保护自身权益，这就极易受到不法的侵害，或极易进行违法犯罪活动，严重阻碍了全面建成小康社会和新农村步伐。

为此，根据党和政府的指示精神以及普法规划，特别是根据广大农村农民的现状，在有关部门和专家的指导下，特别编辑了这套《全国普法学习读本》。主要包括了广大人民群众应知应懂、实际实用的法律法规。为了辅导学习，附录还收入了相应法律法规的条例准则、实施细则、解读解答、案例分析等；同时为了突出法律法规的实际实用特点，兼顾地方性和特殊性，附录还收入了部分某些地方性法律法规以及非法律法规的政策文件、管理制度、应用表格等内容，拓展了本书的知识范围，使法律法规更"接地气"，便于读者学习掌握和实际应用。

在众多法律法规中，我们通过甄别，淘汰了废止的，精选了最新的、权威的和全面的。但有部分法律法规有些条款不适应当下情况了，却没有颁布新的，我们又不能擅自改动，只得保留原有条款，但附录却有相应的补充修改意见或通知等。众多法律法规根据不同内容和受众特点，经过归类组合，优化配套。整套普法读本非常全面系统，具有很强的学习性、实用性和指导性，非常适合用于广大农村和城乡普法学习教育与实践指导。总之，是全国全民普法的良好读本。

目　　录

互联网信息综合管理

电信和互联网用户个人信息保护规定

互联网域名管理办法

关于中国计算机信息网络国际联网管理

互联网信息综合管理

互联网信息服务管理办法

中华人民共和国国务院令

第 588 号

《国务院关于废止和修改部分行政法规的决定》已经 2010 年 12 月 29 日国务院第 138 次常务会议通过，现予公布，自公布之日起施行。

总理　温家宝

二○一一年一月八日

（2000 年 9 月 25 日中华人民共和国国务院令第 292 号公布；根据 2011 年 1 月 8 日《国务院关于废止和修改部分行政法规的规定》修订)

第一条　为了规范互联网信息服务活动，促进互联网信息服务健康有序发展，制定本办法。

第二条 在中华人民共和国境内从事互联网信息服务活动，必须遵守本办法。

本办法所称互联网信息服务，是指通过互联网向上网用户提供信息的服务活动。

第三条 互联网信息服务分为经营性和非经营性两类。

经营性互联网信息服务，是指通过互联网向上网用户有偿提供信息或者网页制作等服务活动。

非经营性互联网信息服务，是指通过互联网向上网用户无偿提供具有公开性、共享性信息的服务活动。

第四条 国家对经营性互联网信息服务实行许可制度；对非经营性互联网信息服务实行备案制度。

未取得许可或者未履行备案手续的，不得从事互联网信息服务。

第五条 从事新闻、出版、教育、医疗保健、药品和医疗器械等互联网信息服务，依照法律、行政法规以及国家有关规定须经有关主管部门审核同意的，在申请经营许可或者履行备案手续前，应当依法经有关主管部门审核同意。

第六条 从事经营性互联网信息服务，除应当符合《中华人民共和国电信条例》规定的要求外，还应当具备下列条件：

（一）有业务发展计划及相关技术方案；

（二）有健全的网络与信息安全保障措施，包括网站安全保障措施、信息安全保密管理制度、用户信息安全管理制度；

（三）服务项目属于本办法第五条规定范围的，已取得有关主管部门同意的文件。

第七条 从事经营性互联网信息服务，应当向省、自治区、直辖市电信管理机构或者国务院信息产业主管部门申请办理互联网信息服务增值电信业务经营许可证（以下简称经营许可证）。

省、自治区、直辖市电信管理机构或者国务院信息产业主管部门应当自收到申请之日起 60 日内审查完毕，作出批准或者不予批准的决定。予以批准的，颁发经营许可证；不予批准的，应当书面通知申请人并说明理由。

申请人取得经营许可证后，应当持经营许可证向企业登记机关办理登记手续。

第八条 从事非经营性互联网信息服务，应当向省、自治区、直辖市电信管理机构或者国务院信息产业主管部门办理备案手续。办理备案时，应当提交下列材料：

（一）主办单位和网站负责人的基本情况；

（二）网站网址和服务项目；

（三）服务项目属于本办法第五条规定范围的，已取得有关主管部门的同意文件。

省、自治区、直辖市电信管理机构对备案材料齐全的，应当予以备案并编号。

第九条 从事互联网信息服务，拟开办电子公告服务的，应当在申请经营性互联网信息服务许可或者办理非经营性互联网信息服务备案时，按照国家有关规定提出专项申请或者专项备案。

第十条 省、自治区、直辖市电信管理机构和国务院信息产业主管部门应当公布取得经营许可证或者已履行备案手续的互联网信息服务提供者名单。

第十一条 互联网信息服务提供者应当按照经许可或者备案的项目提供服务，不得超出经许可或者备案的项目提供服务。

非经营性互联网信息服务提供者不得从事有偿服务。

互联网信息服务提供者变更服务项目、网站网址等事项的，应当提前 30 日向原审核、发证或者备案机关办理变更手续。

第十二条 互联网信息服务提供者应当在其网站主页的显著位置标明其经营许可证编号或者备案编号。

第十三条 互联网信息服务提供者应当向上网用户提供良好的服务，并保证所提供的信息内容合法。

第十四条 从事新闻、出版以及电子公告等服务项目的互联网信息服务提供者，应当记录提供的信息内容及其发布时间、互联网地址或者域名；互联网接入服务提供者应当记录上网用户的上网时间、用户帐号、互联网地址或者域名、主叫电话号码等信息。

互联网信息服务提供者和互联网接入服务提供者的记录备份应当保存 60 日，并在国家有关机关依法查询时，予以提供。

第十五条 互联网信息服务提供者不得制作、复制、发布、传播含有下列内容的信息：

（一）反对宪法所确定的基本原则的；

（二）危害国家安全，泄露国家秘密，颠覆国家政权，破坏国家统一的；

（三）损害国家荣誉和利益的；

（四）煽动民族仇恨、民族歧视，破坏民族团结的；

（五）破坏国家宗教政策，宣扬邪教和封建迷信的；

（六）散布谣言，扰乱社会秩序，破坏社会稳定的；

（七）散布淫秽、色情、赌博、暴力、凶杀、恐怖或者教唆犯罪的；

（八）侮辱或者诽谤他人，侵害他人合法权益的；

（九）含有法律、行政法规禁止的其他内容的。

第十六条 互联网信息服务提供者发现其网站传输的信息明显属于本办法第十五条所列内容之一的，应当立即停止传输，保存有关记录，并向国家有关机关报告。

第十七条 经营性互联网信息服务提供者申请在境内境外上市或者同外商合资、合作，应当事先经国务院信息产业主管部门审查同意；其中，外商投资的比例应当符合有关法律、行政法规的规定。

第十八条 国务院信息产业主管部门和省、自治区、直辖市电信管理机构，依法对互联网信息服务实施监督管理。

新闻、出版、教育、卫生、药品监督管理、工商行政管理和公安、国家安全等有关主管部门，在各自职责范围内依法对互联网信息内容实施监督管理。

第十九条 违反本办法的规定，未取得经营许可证，擅自从事经营性互联网信息服务，或者超出许可的项目提供服务的，由省、自治区、直辖市电信管理机构责令限期改正，有违法所得的，没收违法所得，处违法所得 3 倍以上 5 倍以下的罚款；没有违法所得或者违法所得不足 5 万元的，处 10 万元以上 100 万元以下的罚款；情节严重的，责令关闭网站。

违反本办法的规定，未履行备案手续，擅自从事非经营性互联网信息服务，或者超出备案的项目提供服务的，由省、自治区、直辖市电信管理机构责令限期改正；拒不改正的，责令关闭网站。

第二十条 制作、复制、发布、传播本办法第十五条所列内容之一的信息，构成犯罪的，依法追究刑事责任；尚不构成犯罪的，由公安机关、国家安全机关依照《中华人民共和国治安管理处罚法》、《计算机信息网络国际联网安全保护管理办法》等有关法律、行政法规的规定予以处罚；对经营性互联网信息服务提供者，并由发证机关责令停业整顿直至吊销经营许可证，通知企业登记机关；对非经营性互联网信息服务提供者，并由备案机关责令暂时关闭网站直至关闭网站。

第二十一条 未履行本办法第十四条规定的义务的，由省、自治区、直辖市电信管理机构责令改正；情节严重的，责令停业整顿或者暂时关闭网站。

第二十二条 违反本办法的规定，未在其网站主页上标明其经营许可证编号或者备案编号的，由省、自治区、直辖市电信管理机构责令改正，处 5000 元以上 5 万元以下的罚款。

第二十三条 违反本办法第十六条规定的义务的，由省、自治区、直辖市电信管理机构责令改正；情节严重的，对经营性互联网信息服务提供者，并由发证机关吊销经营许可证，对非经营性互联网信息服务提供者，并由备案机关责令关闭网站。

第二十四条 互联网信息服务提供者在其业务活动中，违反其他法律、法规的，由新闻、出版、教育、卫生、药品监督管理和工商行政管理等有关主管部门依照有关法律、法规的规定处罚。

第二十五条 电信管理机构和其他有关主管部门及其工作人员，玩忽职守、滥用职权、徇私舞弊，疏于对互联网信息服务的监督管理，造成严重后果，构成犯罪的，依法追究刑事责任；尚不构成犯罪的，对直接负责的主管人员和其他直接责任人员依法给予降级、撤职直至开除的行政处分。

第二十六条 在本办法公布前从事互联网信息服务的，应当自本办法公布之日起 60 日内依照本办法的有关规定补办有关手续。

第二十七条 本办法自公布之日起施行。

互联网新闻信息服务管理规定

国家互联网信息办公室令

第 1 号

《互联网新闻信息服务管理规定》已经国家互联网信息办公室室务会议审议通过，现予公布，自 2017 年 6 月 1 日起施行。

国家互联网信息办公室主任

2017 年 5 月 2 日

第一章 总 则

第一条 为加强互联网信息内容管理，促进互联网新闻信息服务健康有序发展，根据《中华人民共和国网络安全法》《互联网信息服务管理办法》、《国务院关于授权国家互联网信息办公室负责互联网信息内容管理工作的通知》，制定本规定。

第二条 在中华人民共和国境内提供互联网新闻信息服务，适用本规定。

本规定所称新闻信息，包括有关政治、经济、军事、外交等社会公共事务的报道、评论，以及有关社会突发事件的报道、评论。

第三条 提供互联网新闻信息服务，应当遵守宪法、法律和行政法规，坚持为人民服务、为社会主义服务的方向，坚持正确舆论导向，发挥舆论监督作用，促进形成积极健康、向上向善的网络文化，维护国家利益和公共利益。

第四条 国家互联网信息办公室负责全国互联网新闻信息服务的监督管理执法工作。地方互联网信息办公室依据职责负责本行政区域内互联网新闻信息服务的监督管理执法工作。

第二章 许 可

第五条 通过互联网站、应用程序、论坛、博客、微博客、公众账号、即时通信工具、网络直播等形式向社会公众提供互联网新闻信息服务，应当取得互联网新闻信息服务许可，禁止未经许可或超越许可范围开展互联网新闻信息服务活动。

前款所称互联网新闻信息服务，包括互联网新闻信息采编发布服务、转载服务、传播平台服务。

第六条 申请互联网新闻信息服务许可，应当具备下列条件：

（一）在中华人民共和国境内依法设立的法人；

（二）主要负责人、总编辑是中国公民；

（三）有与服务相适应的专职新闻编辑人员、内容审核人员和技术保障人员；

（四）有健全的互联网新闻信息服务管理制度；

（五）有健全的信息安全管理制度和安全可控的技术保障措施；

（六）有与服务相适应的场所、设施和资金。

申请互联网新闻信息采编发布服务许可的，应当是新闻单位（含其控股的单位）或新闻宣传部门主管的单位。

符合条件的互联网新闻信息服务提供者实行特殊管理股制度，具体实施办法由国家互联网信息办公室另行制定。

提供互联网新闻信息服务，还应当依法向电信主管部门办理互联网信息服务许可或备案手续。

第七条　任何组织不得设立中外合资经营、中外合作经营和外资经营的互联网新闻信息服务单位。

互联网新闻信息服务单位与境内外中外合资经营、中外合作经营和外资经营的企业进行涉及互联网新闻信息服务业务的合作，应当报经国家互联网信息办公室进行安全评估。

第八条　互联网新闻信息服务提供者的采编业务和经营业务应当分开，非公有资本不得介入互联网新闻信息采编业务。

第九条　申请互联网新闻信息服务许可，申请主体为中央新闻单位（含其控股的单位）或中央新闻宣传部门主管的单位的，由国家互联网信息办公室受理和决定；申请主体为地方新闻单位（含其控股的单位）或地方新闻宣传部门主管的单位的，由省、自治区、直辖市互联网信息办公室受理和决定；申请主体为其他单位的，经所在地省、自治区、直辖市互联网信息办公室受理和初审后，由国家互联网信息办公室决定。

国家或省、自治区、直辖市互联网信息办公室决定批准的，核发《互联网新闻信息服务许可证》。《互联网新闻信息服务许可证》有效期为三年。有效期届满，需继续从事互联网新闻信息服务活动的，应当于有效期届满三十日前申请续办。

省、自治区、直辖市互联网信息办公室应当定期向国家互联网信息办公室报告许可受理和决定情况。

第十条　申请互联网新闻信息服务许可，应当提交下列材料：

（一）主要负责人、总编辑为中国公民的证明；

（二）专职新闻编辑人员、内容审核人员和技术保障人员的资质情况；

（三）互联网新闻信息服务管理制度；

（四）信息安全管理制度和技术保障措施；

（五）互联网新闻信息服务安全评估报告；

（六）法人资格、场所、资金和股权结构等证明；

（七）法律法规规定的其他材料。

第三章 运 行

第十一条 互联网新闻信息服务提供者应当设立总编辑，总编辑对互联网新闻信息内容负总责。总编辑人选应当具有相关从业经验，符合相关条件，并报国家或省、自治区、直辖市互联网信息办公室备案。

互联网新闻信息服务相关从业人员应当依法取得相应资质，接受专业培训、考核。互联网新闻信息服务相关从业人员从事新闻采编活动，应当具备新闻采编人员职业资格，持有国家新闻出版广电总局统一颁发的新闻记者证。

第十二条 互联网新闻信息服务提供者应当健全信息发布审核、公共信息巡查、应急处置等信息安全管理制度，具有安全可控的技术保障措施。

第十三条 互联网新闻信息服务提供者为用户提供互联网新闻信息传播平台服务，应当按照《中华人民共和国网络安全法》的规定，要求用户提供真实身份信息。用户不提供真实身份信息的，互联网新闻信息服务提供者不得为其提供相关服务。

互联网新闻信息服务提供者对用户身份信息和日志信息负有保密的义务，不得泄露、篡改、毁损，不得出售或非法向他人提供。

互联网新闻信息服务提供者及其从业人员不得通过采编、发布、转载、删除新闻信息，干预新闻信息呈现或搜索结果等手段谋取不正当利益。

第十四条 互联网新闻信息服务提供者提供互联网新闻信息传播平台服务，应当与在其平台上注册的用户签订协议，明确双方权利义务。

对用户开设公众账号的，互联网新闻信息服务提供者应当审核其账号信息、服务资质、服务范围等信息，并向所在地省、自治区、直辖市互联网信息办公室分类备案。

第十五条 互联网新闻信息服务提供者转载新闻信息，应当转载中央新闻单位或省、自治区、直辖市直属新闻单位等国家规定范围内的单位发布的新闻信息，注明新闻信息来源、原作者、原标题、编辑真实姓名等，不得歪曲、篡改标题原意和新闻信息内容，并保证新闻信息来源可追溯。

互联网新闻信息服务提供者转载新闻信息，应当遵守著作权相关法律法规的规定，保护著作权人的合法权益。

第十六条 互联网新闻信息服务提供者和用户不得制作、复制、发布、传播法律、行政法规禁止的信息内容。

互联网新闻信息服务提供者提供服务过程中发现含有违反本规定第三条或前款规定内容的，应当依法立即停止传输该信息、采取消除等处置措施，保存有关记录，并向有关主管部门报告。

第十七条 互联网新闻信息服务提供者变更主要负责人、总编辑、主管单位、股权结构等影响许可条件的重大事项，应当向原许可机关办理变更手续。

互联网新闻信息服务提供者应用新技术、调整增设具有新闻舆论属性或社会动员能力的应用功能，应当报国家或省、自治区、直辖市互联网信息办公室进行互联网新闻信息服务安全评估。

第十八条　互联网新闻信息服务提供者应当在明显位置明示互联网新闻信息服务许可证编号。

互联网新闻信息服务提供者应当自觉接受社会监督，建立社会投诉举报渠道，设置便捷的投诉举报入口，及时处理公众投诉举报。

第四章　监督检查

第十九条　国家和地方互联网信息办公室应当建立日常检查和定期检查相结合的监督管理制度，依法对互联网新闻信息服务活动实施监督检查，有关单位、个人应当予以配合。

国家和地方互联网信息办公室应当健全执法人员资格管理制度。执法人员开展执法活动，应当依法出示执法证件。

第二十条　任何组织和个人发现互联网新闻信息服务提供者有违反本规定行为的，可以向国家和地方互联网信息办公室举报。

国家和地方互联网信息办公室应当向社会公开举报受理方式，收到举报后，应当依法予以处置。互联网新闻信息服务提供者应当予以配合。

第二十一条　国家和地方互联网信息办公室应当建立互联网新闻信息服务网络信用档案，建立失信黑名单制度和约谈制度。

国家互联网信息办公室会同国务院电信、公安、新闻出版广电等部门建立信息共享机制，加强工作沟通和协作配合，依法开展联合执法等专项监督检查活动。

第五章　法律责任

第二十二条　违反本规定第五条规定，未经许可或超越许可范围开展互联网新闻信息服务活动的，由国家和省、自治区、直辖市互联网信息办公室依据职责责令停止相关服务活动，处一万元以上三万元以下罚款。

第二十三条 互联网新闻信息服务提供者运行过程中不再符合许可条件的，由原许可机关责令限期改正；逾期仍不符合许可条件的，暂停新闻信息更新；《互联网新闻信息服务许可证》有效期届满仍不符合许可条件的，不予换发许可证。

第二十四条 互联网新闻信息服务提供者违反本规定第七条第二款、第八条、第十一条、第十二条、第十三条第三款、第十四条、第十五条第一款、第十七条、第十八条规定的，由国家和地方互联网信息办公室依据职责给予警告，责令限期改正；情节严重或拒不改正的，暂停新闻信息更新，处五千元以上三万元以下罚款；构成犯罪的，依法追究刑事责任。

第二十五条 互联网新闻信息服务提供者违反本规定第三条、第十六条第一款、第十九条第一款、第二十条第二款规定的，由国家和地方互联网信息办公室依据职责给予警告，责令限期改正；情节严重或拒不改正的，暂停新闻信息更新，处二万元以上三万元以下罚款；构成犯罪的，依法追究刑事责任。

第二十六条 互联网新闻信息服务提供者违反本规定第十三条第一款、第十六条第二款规定的，由国家和地方互联网信息办公室根据《中华人民共和国网络安全法》的规定予以处理。

第六章 附 则

第二十七条 本规定所称新闻单位，是指依法设立的报刊社、广播电台、电视台、通讯社和新闻电影制片厂。

第二十八条　违反本规定，同时违反互联网信息服务管理规定的，由国家和地方互联网信息办公室根据本规定处理后，转由电信主管部门依法处置。

国家对互联网视听节目服务、网络出版服务等另有规定的，应当同时符合其规定。

第二十九条　本规定自 2017 年 6 月 1 日起施行。本规定施行之前颁布的有关规定与本规定不一致的，按照本规定执行。

互联网跟帖评论服务管理规定

（2017 年 8 月 25 日国家互联网信息办公室发布）

第一条 为规范互联网跟帖评论服务，维护国家安全和公共利益，保护公民、法人和其他组织的合法权益，根据《中华人民共和国网络安全法》、《国务院关于授权国家互联网信息办公室负责互联网信息内容管理工作的通知》，制定本规定。

第二条 在中华人民共和国境内提供跟帖评论服务，应当遵守本规定。

本规定所称跟帖评论服务，是指互联网站、应用程序、互动传播平台以及其他具有新闻舆论属性和社会动员功能的传播平台，以发帖、回复、留言、"弹幕"等方式，为用户提供发表文字、符号、表情、图片、音视频等信息的服务。

第三条 国家互联网信息办公室负责全国跟帖评论服务的监督管理执法工作。地方互联网信息办公室依据职责负责本行政区域的跟帖评论服务的监督管理执法工作。

各级互联网信息办公室应当建立健全日常检查和定期检查相结合的监督管理制度，依法规范各类传播平台的跟帖评论服务行为。

第四条 跟帖评论服务提供者提供互联网新闻信息服务相关的跟帖评论新产品、新应用、新功能的，应当报国家或者省、自治区、直辖市互联网信息办公室进行安全评估。

第五条 跟帖评论服务提供者应当严格落实主体责任，依法履行以下义务：

（一）按照"后台实名、前台自愿"原则，对注册用户进行真实身份信息认证，不得向未认证真实身份信息的用户提供跟帖评论服务。

（二）建立健全用户信息保护制度，收集、使用用户个人信息应当遵循合法、正当、必要的原则，公开收集、使用规则，明示收集、使用信息的目的、方式和范围，并经被收集者同意。

（三）对新闻信息提供跟帖评论服务的，应当建立先审后发制度。

（四）提供"弹幕"方式跟帖评论服务的，应当在同一平台和页面同时提供与之对应的静态版信息内容。

（五）建立健全跟帖评论审核管理、实时巡查、应急处置等信息安全管理制度，及时发现和处置违法信息，并向有关主管部门报告。

（六）开发跟帖评论信息安全保护和管理技术，创新跟帖评论管理方式，研发使用反垃圾信息管理系统，提升垃圾信息处置能力；及时发现跟帖评论服务存在的安全缺陷、漏洞等风险，采取补救措施，并向有关主管部门报告。

（七）配备与服务规模相适应的审核编辑队伍，提高审核编辑人员专业素养。

（八）配合有关主管部门依法开展监督检查工作，提供必要的技术、资料和数据支持。

第六条　跟帖评论服务提供者应当与注册用户签订服务协议，明确跟帖评论的服务与管理细则，履行互联网相关法律法规告知义务，有针对性地开展文明上网教育。

跟帖评论服务使用者应当严格自律，承诺遵守法律法规、尊重公序良俗，不得发布法律法规和国家有关规定禁止的信息内容。

第七条　跟帖评论服务提供者及其从业人员不得为谋取不

正当利益或基于错误价值取向，采取有选择地删除、推荐跟帖评论等方式干预舆论。

跟帖评论服务提供者和用户不得利用软件、雇佣商业机构及人员等方式散布信息，干扰跟帖评论正常秩序，误导公众舆论。

第八条 跟帖评论服务提供者对发布违反法律法规和国家有关规定的信息内容的，应当及时采取警示、拒绝发布、删除信息、限制功能、暂停更新直至关闭账号等措施，并保存相关记录。

第九条 跟帖评论服务提供者应当建立用户分级管理制度，对用户的跟帖评论行为开展信用评估，根据信用等级确定服务范围及功能，对严重失信的用户应列入黑名单，停止对列入黑名单的用户提供服务，并禁止其通过重新注册等方式使用跟帖评论服务。

国家和省、自治区、直辖市互联网信息办公室应当建立跟帖评论服务提供者的信用档案和失信黑名单管理制度，并定期对跟帖评论服务提供者进行信用评估。

第十条 跟帖评论服务提供者应当建立健全违法信息公众投诉举报制度，设置便捷投诉举报入口，及时受理和处置公众投诉举报。国家和地方互联网信息办公室依据职责，对举报受理落实情况进行监督检查。

第十一条 跟帖评论服务提供者信息安全管理责任落实不到位，存在较大安全风险或者发生安全事件的，国家和省、自治区、直辖市互联网信息办公室应当及时约谈；跟帖管理服务提供者应当按照要求采取措施，进行整改，消除隐患。

第十二条 互联网跟帖评论服务提供者违反本规定的，由有关部门依照相关法律法规处理。

第十三条 本规定自 2017 年 10 月 1 日起施行。

互联网群组信息服务管理规定

(2017 年 9 月 7 日国家互联网信息办公室发布)

第一条 为规范互联网群组信息服务，维护国家安全和公共利益，保护公民、法人和其他组织的合法权益，根据《中华人民共和国网络安全法》《国务院关于授权国家互联网信息办公室负责互联网信息内容管理工作的通知》，制定本规定。

第二条 在中华人民共和国境内提供、使用互联网群组信息服务，应当遵守本规定。

本规定所称互联网群组，是指互联网用户通过互联网站、移动互联网应用程序等建立的，用于群体在线交流信息的网络空间。本规定所称互联网群组信息服务提供者，是指提供互联网群组信息服务的平台。本规定所称互联网群组信息服务使用者，包括群组建立者、管理者和成员。

第三条 国家互联网信息办公室负责全国互联网群组信息服务的监督管理执法工作。地方互联网信息办公室依据职责负责本行政区域内的互联网群组信息服务的监督管理执法工作。

第四条 互联网群组信息服务提供者和使用者，应当坚持正确导向，弘扬社会主义核心价值观，培育积极健康的网络文化，维护良好网络生态。

第五条 互联网群组信息服务提供者应当落实信息内容安全管理主体责任，配备与服务规模相适应的专业人员和技术能力，建立健全用户注册、信息审核、应急处置、安全防护等管理制度。

互联网群组信息服务提供者应当制定并公开管理规则和平台公约，与使用者签订服务协议，明确双方权利义务。

第六条 互联网群组信息服务提供者应当按照"后台实名、前台自愿"的原则，对互联网群组信息服务使用者进行真实身份信息认证，用户不提供真实身份信息的，不得为其提供信息发布服务。

互联网群组信息服务提供者应当采取必要措施保护使用者个人信息安全，不得泄露、篡改、毁损，不得非法出售或者非法向他人提供。

第七条 互联网群组信息服务提供者应当根据互联网群组的性质类别、成员规模、活跃程度等实行分级分类管理，制定具体管理制度并向国家或省、自治区、直辖市互联网信息办公室备案，依法规范群组信息传播秩序。

互联网群组信息服务提供者应当建立互联网群组信息服务使用者信用等级管理体系，根据信用等级提供相应服务。

第八条 互联网群组信息服务提供者应当根据自身服务规模和管理能力，合理设定群组成员人数和个人建立群数、参加群数上限。

互联网群组信息服务提供者应设置和显示唯一群组识别编码，对成员达到一定规模的群组要设置群信息页面，注明群组名称、人数、类别等基本信息。

互联网群组信息服务提供者应根据群组规模类别，分级审核群组建立者真实身份、信用等级等建群资质，完善建群、入群等审核验证功能，并标注群组建立者、管理者及成员群内身份信息。

第九条 互联网群组建立者、管理者应当履行群组管理责任，依据法律法规、用户协议和平台公约，规范群组网络行为和信息发布，构建文明有序的网络群体空间。

互联网群组成员在参与群组信息交流时，应当遵守法律法规，文明互动、理性表达。

互联网群组信息服务提供者应为群组建立者、管理者进行群组管理提供必要功能权限。

第十条　互联网群组信息服务提供者和使用者不得利用互联网群组传播法律法规和国家有关规定禁止的信息内容。

第十一条　互联网群组信息服务提供者应当对违反法律法规和国家有关规定的互联网群组，依法依约采取警示整改、暂停发布、关闭群组等处置措施，保存有关记录，并向有关主管部门报告。

互联网群组信息服务提供者应当对违反法律法规和国家有关规定的群组建立者、管理者等使用者，依法依约采取降低信用等级、暂停管理权限、取消建群资格等管理措施，保存有关记录，并向有关主管部门报告。

互联网群组信息服务提供者应当建立黑名单管理制度，对违法违约情节严重的群组及建立者、管理者和成员纳入黑名单，限制群组服务功能，保存有关记录，并向有关主管部门报告。

第十二条　互联网群组信息服务提供者和使用者应当接受社会公众和行业组织的监督，建立健全投诉举报渠道，设置便捷举报入口，及时处理投诉举报。国家和地方互联网信息办公室依据职责，对举报受理落实情况进行监督检查。

鼓励互联网行业组织指导推动互联网群组信息服务提供者制定行业公约，加强行业自律，履行社会责任。

第十三条　互联网群组信息服务提供者应当配合有关主管

部门依法进行的监督检查，并提供必要的技术支持和协助。

互联网群组信息服务提供者应当按规定留存网络日志不少于六个月。

第十四条 互联网群组信息服务提供者和使用者违反本规定的，由有关部门依照相关法律法规处理。

第十五条 本规定自 2017 年 10 月 8 日起施行。

互联网电子邮件服务管理办法

中华人民共和国信息产业部令

第 38 号

《互联网电子邮件服务管理办法》已经 2005 年 11 月 7 日中华人民共和国信息产业部第十五次部务会议审议通过，现予公布，自 2006 年 3 月 30 日起施行。

信息产业部部长

二〇〇六年二月二十日

第一条　为了规范互联网电子邮件服务，保障互联网电子邮件服务使用者的合法权利，根据《中华人民共和国电信条例》和《互联网信息服务管理办法》等法律、行政法规的规定，制定本办法。

第二条　在中华人民共和国境内提供互联网电子邮件服务以及为互联网电子邮件服务提供接入服务和发送互联网电子邮件，适用本办法。

本办法所称互联网电子邮件服务，是指设置互联网电子邮件服务器，为互联网用户发送、接收互联网电子邮件提供条件的行为。

第三条　公民使用互联网电子邮件服务的通信秘密受法律保护。除因国家安全或者追查刑事犯罪的需要，由公安机关或者检察机关依照法律规定的程序对通信内容进行检查外，任何组织或者个人不得以任何理由侵犯公民的通信秘密。

第四条　提供互联网电子邮件服务，应当事先取得增值电信业务经营许可或者依法履行非经营性互联网信息服务备案手续。

未取得增值电信业务经营许可或者未履行非经营性互联网信息服务备案手续，任何组织或者个人不得在中华人民共和国境内开展互联网电子邮件服务。

第五条　互联网接入服务提供者等电信业务提供者，不得为未取得增值电信业务经营许可或者未履行非经营性互联网信息服务备案手续的组织或者个人开展互联网电子邮件服务提供接入服务。

第六条　国家对互联网电子邮件服务提供者的电子邮件服务器 IP 地址实行登记管理。互联网电子邮件服务提供者应当在电子邮件服务器开通前二十日将互联网电子邮件服务器所使用的 IP 地址向中华人民共和国信息产业部（以下简称"信息产业部"）或者省、自治区、直辖市通信管理局（以下简称"通信管理局"）登记。

互联网电子邮件服务提供者拟变更电子邮件服务器 IP 地址的，应当提前三十日办理变更手续。

第七条　互联网电子邮件服务提供者应当按照信息产业部制定的技术标准建设互联网电子邮件服务系统，关闭电子邮件服务器匿名转发功能，并加强电子邮件服务系统的安全管理，发现网络安全漏洞后应当及时采取安全防范措施。

第八条　互联网电子邮件服务提供者向用户提供服务，应当明确告知用户服务内容和使用规则。

第九条　互联网电子邮件服务提供者对用户的个人注册信息和互联网电子邮件地址，负有保密的义务。

互联网电子邮件服务提供者及其工作人员不得非法使用用

户的个人注册信息资料和互联网电子邮件地址；未经用户同意，不得泄露用户的个人注册信息和互联网电子邮件地址，但法律、行政法规另有规定的除外。

第十条 互联网电子邮件服务提供者应当记录经其电子邮件服务器发送或者接收的互联网电子邮件的发送或者接收时间、发送者和接收者的互联网电子邮件地址及 IP 地址。上述记录应当保存六十日，并在国家有关机关依法查询时予以提供。

第十一条 任何组织或者个人不得制作、复制、发布、传播包含《中华人民共和国电信条例》第五十七条规定内容的互联网电子邮件。

任何组织或者个人不得利用互联网电子邮件从事《中华人民共和国电信条例》第五十八条禁止的危害网络安全和信息安全的活动。

第十二条 任何组织或者个人不得有下列行为：

（一）未经授权利用他人的计算机系统发送互联网电子邮件；

（二）将采用在线自动收集、字母或者数字任意组合等手段获得的他人的互联网电子邮件地址用于出售、共享、交换或者向通过上述方式获得的电子邮件地址发送互联网电子邮件。

第十三条 任何组织或者个人不得有下列发送或者委托发送互联网电子邮件的行为：

（一）故意隐匿或者伪造互联网电子邮件信封信息；

（二）未经互联网电子邮件接收者明确同意，向其发送包含商业广告内容的互联网电子邮件；

（三）发送包含商业广告内容的互联网电子邮件时，未在互联网电子邮件标题信息前部注明"广告"或者"AD"字样。

第十四条　互联网电子邮件接收者明确同意接收包含商业广告内容的互联网电子邮件后，拒绝继续接收的，互联网电子邮件发送者应当停止发送。双方另有约定的除外。

互联网电子邮件服务发送者发送包含商业广告内容的互联网电子邮件，应当向接收者提供拒绝继续接收的联系方式，包括发送者的电子邮件地址，并保证所提供的联系方式在 30 日内有效。

第十五条　互联网电子邮件服务提供者、为互联网电子邮件服务提供接入服务的电信业务提供者应当受理用户对互联网电子邮件的举报，并为用户提供便捷的举报方式。

第十六条　互联网电子邮件服务提供者、为互联网电子邮件服务提供接入服务的电信业务提供者应当按照下列要求处理用户举报：

（一）发现被举报的互联网电子邮件明显含有本办法第十一条第一款规定的禁止内容的，应当及时向国家有关机关报告；

（二）本条第（一）项规定之外的其他被举报的互联网电子邮件，应当向信息产业部委托中国互联网协会设立的互联网电子邮件举报受理中心（以下简称"互联网电子邮件举报受理中心"）报告；

（三）被举报的互联网电子邮件涉及本单位的，应当立即开展调查，采取合理有效的防范或处理措施，并将有关情况和调查结果及时向国家有关机关或者互联网电子邮件举报受理中心报告。

第十七条　互联网电子邮件举报受理中心依照信息产业部制定的工作制度和流程开展以下工作：

（一）受理有关互联网电子邮件的举报；

（二）协助信息产业部或者通信管理局认定被举报的互联网

电子邮件是否违反本办法有关条款的规定，并协助追查相关责任人；

（三）协助国家有关机关追查违反本办法第十一条规定的相关责任人。

第十八条 互联网电子邮件服务提供者、为互联网电子邮件服务提供接入服务的电信业务提供者，应当积极配合国家有关机关和互联网电子邮件举报受理中心开展调查工作。

第十九条 违反本办法第四条规定，未取得增值电信业务经营许可或者未履行非经营性互联网信息服务备案手续开展互联网电子邮件服务的，依据《互联网信息服务管理办法》第十九条的规定处罚。

第二十条 违反本办法第五条规定的，由信息产业部或者通信管理局依据职权责令改正，并处一万元以下的罚款。

第二十一条 未履行本办法第六条、第七条、第八条、第十条规定义务的，由信息产业部或者通信管理局依据职权责令改正，并处五千元以上一万元以下的罚款。

第二十二条 违反本办法第九条规定的，由信息产业部或者通信管理局依据职权责令改正，并处一万元以下的罚款；有违法所得的，并处三万元以下的罚款。

第二十三条 违反本办法第十一条规定的，依据《中华人民共和国电信条例》第六十七条的规定处理。

互联网电子邮件服务提供者等电信业务提供者有本办法第十一条规定的禁止行为的，信息产业部或者通信管理局依据《中华人民共和国电信条例》第七十八条、《互联网信息服务管理办法》第二十条的规定处罚。

第二十四条 违反本办法第十二条、第十三条、第十四条规定的，由信息产业部或者通信管理局依据职权责令改正，并处一万元以下的罚款；有违法所得的，并处三万元以下的罚款。

第二十五条 违反本办法第十五条、第十六条和第十八条规定的，由信息产业部或者通信管理局依据职权予以警告，并处五千元以上一万元以下的罚款。

第二十六条 本办法所称互联网电子邮件地址是指由一个用户名与一个互联网域名共同构成的、可据此向互联网电子邮件用户发送电子邮件的全球唯一性的终点标识。

本办法所称互联网电子邮件信封信息是指附加在互联网电子邮件上，用于标识互联网电子邮件发送者、接收者和传递路由等反映互联网电子邮件来源、终点和传递过程的信息。

本办法所称互联网电子邮件标题信息是指附加在互联网电子邮件上，用于标识互联网电子邮件内容主题的信息。

第二十七条 本办法自 2006 年 3 月 30 日起施行。

互联网直播服务管理规定

(2016年11月4日国家互联网信息办公室发布)

第一条 为加强对互联网直播服务的管理，保护公民、法人和其他组织的合法权益，维护国家安全和公共利益，根据《全国人民代表大会常务委员会关于加强网络信息保护的决定》《国务院关于授权国家互联网信息办公室负责互联网信息内容管理工作的通知》《互联网信息服务管理办法》和《互联网新闻信息服务管理规定》，制定本规定。

第二条 在中华人民共和国境内提供、使用互联网直播服务，应当遵守本规定。

本规定所称互联网直播，是指基于互联网，以视频、音频、图文等形式向公众持续发布实时信息的活动；本规定所称互联网直播服务提供者，是指提供互联网直播平台服务的主体；本规定所称互联网直播服务使用者，包括互联网直播发布者和用户。

第三条 提供互联网直播服务，应当遵守法律法规，坚持正确导向，大力弘扬社会主义核心价值观，培育积极健康、向上向善的网络文化，维护良好网络生态，维护国家利益和公共利益，为广大网民特别是青少年成长营造风清气正的网络空间。

第四条 国家互联网信息办公室负责全国互联网直播服务信息内容的监督管理执法工作。地方互联网信息办公室依据职责负责本行政区域内的互联网直播服务信息内容的监督管理执法工作。国务院相关管理部门依据职责对互联网直播服务实施相应监督管理。

各级互联网信息办公室应当建立日常监督检查和定期检查相结合的监督管理制度，指导督促互联网直播服务提供者依据法律法规和服务协议规范互联网直播服务行为。

第五条 互联网直播服务提供者提供互联网新闻信息服务的，应当依法取得互联网新闻信息服务资质，并在许可范围内开展互联网新闻信息服务。

开展互联网新闻信息服务的互联网直播发布者，应当依法取得互联网新闻信息服务资质并在许可范围内提供服务。

第六条 通过网络表演、网络视听节目等提供互联网直播服务的，还应当依法取得法律法规规定的相关资质。

第七条 互联网直播服务提供者应当落实主体责任，配备与服务规模相适应的专业人员，健全信息审核、信息安全管理、值班巡查、应急处置、技术保障等制度。提供互联网新闻信息直播服务的，应当设立总编辑。

互联网直播服务提供者应当建立直播内容审核平台，根据互联网直播的内容类别、用户规模等实施分级分类管理，对图文、视频、音频等直播内容加注或播报平台标识信息，对互联网新闻信息直播及其互动内容实施先审后发管理。

第八条 互联网直播服务提供者应当具备与其服务相适应的技术条件，应当具备即时阻断互联网直播的技术能力，技术方案应符合国家相关标准。

第九条 互联网直播服务提供者以及互联网直播服务使用者不得利用互联网直播服务从事危害国家安全、破坏社会稳定、扰乱社会秩序、侵犯他人合法权益、传播淫秽色情等法律法规禁止的活动，不得利用互联网直播服务制作、复制、发布、传播法律法规禁止的信息内容。

第十条 互联网直播发布者发布新闻信息，应当真实准确、客观公正。转载新闻信息应当完整准确，不得歪曲新闻信息内容，并在显著位置注明来源，保证新闻信息来源可追溯。

第十一条 互联网直播服务提供者应当加强对评论、弹幕等直播互动环节的实时管理，配备相应管理人员。

互联网直播发布者在进行直播时，应当提供符合法律法规要求的直播内容，自觉维护直播活动秩序。

用户在参与直播互动时，应当遵守法律法规，文明互动，理性表达。

第十二条 互联网直播服务提供者应当按照"后台实名、前台自愿"的原则，对互联网直播用户进行基于移动电话号码等方式的真实身份信息认证，对互联网直播发布者进行基于身份证件、营业执照、组织机构代码证等的认证登记。互联网直播服务提供者应当对互联网直播发布者的真实身份信息进行审核，向所在地省、自治区、直辖市互联网信息办公室分类备案，并在相关执法部门依法查询时予以提供。

互联网直播服务提供者应当保护互联网直播服务使用者身份信息和隐私，不得泄露、篡改、毁损，不得出售或者非法向他人提供。

第十三条 互联网直播服务提供者应当与互联网直播服务使用者签订服务协议，明确双方权利义务，要求其承诺遵守法律法规和平台公约。

互联网直播服务协议和平台公约的必备条款由互联网直播服务提供者所在地省、自治区、直辖市互联网信息办公室指导制定。

第十四条 互联网直播服务提供者应当对违反法律法规和服务协议的互联网直播服务使用者，视情采取警示、暂停发布、关闭账号等处置措施，及时消除违法违规直播信息内容，保存记录并向有关主管部门报告。

第十五条　互联网直播服务提供者应当建立互联网直播发布者信用等级管理体系，提供与信用等级挂钩的管理和服务。

互联网直播服务提供者应当建立黑名单管理制度，对纳入黑名单的互联网直播服务使用者禁止重新注册账号，并及时向所在地省、自治区、直辖市互联网信息办公室报告。

省、自治区、直辖市互联网信息办公室应当建立黑名单通报制度，并向国家互联网信息办公室报告。

第十六条　互联网直播服务提供者应当记录互联网直播服务使用者发布内容和日志信息，保存六十日。

互联网直播服务提供者应当配合有关部门依法进行的监督检查，并提供必要的文件、资料和数据。

第十七条　互联网直播服务提供者和互联网直播发布者未经许可或者超出许可范围提供互联网新闻信息服务的，由国家和省、自治区、直辖市互联网信息办公室依据《互联网新闻信息服务管理规定》予以处罚。

对于违反本规定的其他违法行为，由国家和地方互联网信息办公室依据职责，依法予以处罚；构成犯罪的，依法追究刑事责任。通过网络表演、网络视听节目等提供网络直播服务，违反有关法律法规的，由相关部门依法予以处罚。

第十八条　鼓励支持相关行业组织制定行业公约，加强行业自律，建立健全行业信用评价体系和服务评议制度，促进行业规范发展。

第十九条　互联网直播服务提供者应当自觉接受社会监督，健全社会投诉举报渠道，设置便捷的投诉举报入口，及时处理公众投诉举报。

第二十条　本规定自 2016 年 12 月 1 日起施行。

互联网视听节目服务管理规定

国家广播电影电视总局
中华人民共和国信息产业部令
第 56 号

《互联网视听节目服务管理规定》经国家广播电影
电视总局、中华人民共和国信息产业部审议通过，现
予发布，自 2008 年 1 月 31 日起施行。

国家广播电影电视总局局长
中华人民共和国信息产业部部长
二○○七年十二月二十日

（2007 年 12 月 20 日国家广播电影电视总局、中华
人民共和国信息产业部令第 56 号发布；2015 年 8 月 28
日国家新闻出版广电总局令第 3 号《关于修订部分规
章和规范性文件的决定》修正）

第一条 为维护国家利益和公共利益，保护公众和互联网
视听节目服务单位的合法权益，规范互联网视听节目服务秩序，
促进健康有序发展，根据国家有关规定，制定本规定。

第二条 在中华人民共和国境内向公众提供互联网（含移
动互联网，以下简称互联网）视听节目服务活动，适用本规定。

本规定所称互联网视听节目服务，是指制作、编辑、集成
并通过互联网向公众提供视音频节目，以及为他人提供上载传

播视听节目服务的活动。

第三条 国务院广播电影电视主管部门作为互联网视听节目服务的行业主管部门，负责对互联网视听节目服务实施监督管理，统筹互联网视听节目服务的产业发展、行业管理、内容建设和安全监管。国务院信息产业主管部门作为互联网行业主管部门，依据电信行业管理职责对互联网视听节目服务实施相应的监督管理。

地方人民政府广播电影电视主管部门和地方电信管理机构依据各自职责对本行政区域内的互联网视听节目服务单位及接入服务实施相应的监督管理。

第四条 互联网视听节目服务单位及其相关网络运营单位，是重要的网络文化建设力量，承担建设中国特色网络文化和维护网络文化信息安全的责任，应自觉遵守宪法、法律和行政法规，接受互联网视听节目服务行业主管部门和互联网行业主管部门的管理。

第五条 互联网视听节目服务单位组成的全国性社会团体，负责制定行业自律规范，倡导文明上网、文明办网，营造文明健康的网络环境，传播健康有益视听节目，抵制腐朽落后思想文化传播，并在国务院广播电影电视主管部门指导下开展活动。

第六条 发展互联网视听节目服务要有益于传播社会主义先进文化，推动社会全面进步和人的全面发展、促进社会和谐。从事互联网视听节目服务，应当坚持为人民服务、为社会主义服务，坚持正确导向，把社会效益放在首位，建设社会主义核心价值体系，遵守社会主义道德规范，大力弘扬体现时代发展和社会进步的思想文化，大力弘扬民族优秀文化传统，提供更多更好的互联网视听节目服务，满足人民群众日益增长的需求，不断丰富人民群众的精神文化生活，充分发挥文化滋润心灵、陶冶情操、愉悦身心的作用，为青少年成长创造良好的网上空间，形成共建共享的精神家园。

第七条 从事互联网视听节目服务，应当依照本规定取得广播电影电视主管部门颁发的《信息网络传播视听节目许可证》（以下简称《许可证》）或履行备案手续。

未按照本规定取得广播电影电视主管部门颁发的《许可证》或履行备案手续，任何单位和个人不得从事互联网视听节目服务。

互联网视听节目服务业务指导目录由国务院广播电影电视主管部门商国务院信息产业主管部门制定。

第八条 申请从事互联网视听节目服务的，应当同时具备以下条件：

（一）具备法人资格，为国有独资或国有控股单位，且在申请之日前三年内无违法违规记录；

（二）有健全的节目安全传播管理制度和安全保护技术措施；

（三）有与其业务相适应并符合国家规定的视听节目资源；

（四）有与其业务相适应的技术能力、网络资源；

（五）有与其业务相适应的专业人员，且主要出资者和经营者在申请之日前三年内无违法违规记录；

（六）技术方案符合国家标准、行业标准和技术规范；

（七）符合国务院广播电影电视主管部门确定的互联网视听节目服务总体规划、布局和业务指导目录；

（八）符合法律、行政法规和国家有关规定的条件。

第九条 从事广播电台、电视台形态服务和时政类视听新闻服务的，除符合本规定第八条规定外，还应当持有广播电视播出机构许可证或互联网新闻信息服务许可证。其中，以自办频道方式播放视听节目的，由地（市）级以上广播电台、电视台、中央新闻单位提出申请。

从事主持、访谈、报道类视听服务的，除符合本规定第八条规定外，还应当持有广播电视节目制作经营许可证和互联网新闻信息服务许可证；从事自办网络剧（片）类服务的，还应当持有广播电视节目制作经营许可证。

未经批准，任何组织和个人不得在互联网上使用广播电视专有名称开展业务。

第十条 申请《许可证》，应当通过省、自治区、直辖市人民政府广播电影电视主管部门向国务院广播电影电视主管部门提出申请，中央直属单位可以直接向国务院广播电影电视主管部门提出申请。

省、自治区、直辖市人民政府广播电影电视主管部门应当提供便捷的服务，自收到申请之日起 20 日内提出初审意见，报国务院广播电影电视主管部门审批；国务院广播电影电视主管部门应当自收到申请或者初审意见之日起 40 日内作出许可或者不予许可的决定，其中专家评审时间为 20 日。予以许可的，向申请人颁发《许可证》，并向社会公告；不予许可的，应当书面通知申请人并说明理由。《许可证》应当载明互联网视听节目服务的播出标识、名称、服务类别等事项。

《许可证》有效期为 3 年。有效期届满，需继续从事互联网视听节目服务的，应于有效期届满前 30 日内，持符合本办法第八条规定条件的相关材料，向原发证机关申请办理续办手续。

地（市）级以上广播电台、电视台从事互联网视听节目转播类服务的，到省级以上广播电影电视主管部门履行备案手续。中央新闻单位从事互联网视听节目转播类服务的，到国务院广播电影电视主管部门履行备案手续。备案单位应在节目开播 30 日前，提交网址、网站名、拟转播的广播电视频道、栏目名称等有关备案材料，广播电影电视主管部门应将备案情况向社会公告。

第十一条 取得《许可证》的单位，应当依据《互联网信息服务管理办法》，向省（自治区、直辖市）电信管理机构或国务院信息产业主管部门（以下简称电信主管部门）申请办理电信业务经营许可或者履行相关备案手续，并依法到工商行政管理部门办理注册登记或变更登记手续。电信主管部门应根据广播电影电视主管部门许可，严格互联网视听节目服务单位的域名和 IP 地址管理。

第十二条 互联网视听节目服务单位变更股东、股权结构，有重大资产变动或有上市等重大融资行为的，以及业务项目超出《许可证》载明范围的，应按本规定办理审批手续。互联网视听节目服务单位的办公场所、法定代表人以及互联网信息服务单位的网址、网站名依法变更的，应当在变更后 15 日内向省级以上广播电影电视主管部门和电信主管部门备案，变更事项涉及工商登记的，应当依法到工商行政管理部门办理变更登记手续。

第十三条 互联网视听节目服务单位应当在取得《许可证》90 日内提供互联网视听节目服务。未按期提供服务的，其《许可证》由原发证机关予以注销。如因特殊原因，应经发证机关同意。申请终止服务的，应提前 60 日向原发证机关申报，其《许可证》由原发证机关予以注销。连续停止业务超过 60 日的，由原发证机关按终止业务处理，其《许可证》由原发证机关予以注销。

第十四条 互联网视听节目服务单位应当按照《许可证》载明或备案的事项开展互联网视听节目服务，并在播出界面显著位置标注国务院广播电影电视主管部门批准的播出标识、名称、《许可证》或备案编号。

任何单位不得向未持有《许可证》或备案的单位提供与互

联网视听节目服务有关的代收费及信号传输、服务器托管等金融和技术服务。

第十五条 鼓励国有战略投资者投资互联网视听节目服务企业；鼓励互联网视听节目服务单位积极开发适应新一代互联网和移动通信特点的新业务，为移动多媒体、多媒体网站生产积极健康的视听节目，努力提高互联网视听节目的供给能力；鼓励影视生产基地、电视节目制作单位多生产适合在网上传播的影视剧（片）、娱乐节目，积极发展民族网络影视产业；鼓励互联网视听节目服务单位传播公益性视听节目。

互联网视听节目服务单位应当遵守著作权法律、行政法规的规定，采取版权保护措施，保护著作权人的合法权益。

第十六条 互联网视听节目服务单位提供的、网络运营单位接入的视听节目应当符合法律、行政法规、部门规章的规定。已播出的视听节目应至少完整保留 60 日。视听节目不得含有以下内容：

（一）反对宪法确定的基本原则的；

（二）危害国家统一、主权和领土完整的；

（三）泄露国家秘密、危害国家安全或者损害国家荣誉和利益的；

（四）煽动民族仇恨、民族歧视，破坏民族团结，或者侵害民族风俗、习惯的；

（五）宣扬邪教、迷信的；

（六）扰乱社会秩序，破坏社会稳定的；

（七）诱导未成年人违法犯罪和渲染暴力、色情、赌博、恐怖活动的；

（八）侮辱或者诽谤他人，侵害公民个人隐私等他人合法权益的；

（九）危害社会公德，损害民族优秀文化传统的；

（十）有关法律、行政法规和国家规定禁止的其他内容。

第十七条　用于互联网视听节目服务的电影电视剧类节目和其它节目，应当符合国家有关广播电影电视节目的管理规定。互联网视听节目服务单位播出时政类视听新闻节目，应当是地（市）级以上广播电台、电视台制作、播出的节目和中央新闻单位网站登载的时政类视听新闻节目。

未持有《许可证》的单位不得为个人提供上载传播视听节目服务。互联网视听节目服务单位不得允许个人上载时政类视听新闻节目，在提供播客、视频分享等上载传播视听节目服务时，应当提示上载者不得上载违反本规定的视听节目。任何单位和个人不得转播、链接、聚合、集成非法的广播电视频道、视听节目网站的节目。

第十八条　广播电影电视主管部门发现互联网视听节目服务单位传播违反本规定的视听节目，应当采取必要措施予以制止。互联网视听节目服务单位对含有违反本规定内容的视听节目，应当立即删除，并保存有关记录，履行报告义务，落实有关主管部门的管理要求。

互联网视听节目服务单位主要出资者和经营者应对播出和上载的视听节目内容负责。

第十九条　互联网视听节目服务单位应当选择依法取得互联网接入服务电信业务经营许可证或广播电视节目传送业务经营许可证的网络运营单位提供服务；应当依法维护用户权利，履行对用户的承诺，对用户信息保密，不得进行虚假宣传或误导用户、做出对用户不公平不合理的规定、损害用户的合法权益；提供有偿服务时，应当以显著方式公布所提供服务的视听节目种类、范围、资费标准和时限，并告知用户中止或者取消互联网视听节目服务的条件和方式。

第二十条 网络运营单位提供互联网视听节目信号传输服务时，应当保障视听节目服务单位的合法权益，保证传输安全，不得擅自插播、截留视听节目信号；在提供服务前应当查验视听节目服务单位的《许可证》或备案证明材料，按照《许可证》载明事项或备案范围提供接入服务。

第二十一条 广播电影电视和电信主管部门应建立公众监督举报制度。公众有权举报视听节目服务单位的违法违规行为，有关主管部门应当及时处理，不得推诿。广播电影电视、电信等监督管理部门发现违反本规定的行为，不属于本部门职责的，应当移交有权处理的部门处理。

电信主管部门应当依照国家有关规定向广播电影电视主管部门提供必要的技术系统接口和网站数据查询资料。

第二十二条 广播电影电视主管部门依法对互联网视听节目服务单位进行实地检查，有关单位和个人应当予以配合。广播电影电视主管部门工作人员依法进行实地检查时应当主动出示有关证件。

第二十三条 违反本规定有下列行为之一的，由县级以上广播电影电视主管部门予以警告、责令改正，可并处3万元以下罚款；同时，可对其主要出资者和经营者予以警告，可并处2万元以下罚款：

（一）擅自在互联网上使用广播电视专有名称开展业务的；

（二）变更股东、股权结构，或上市融资，或重大资产变动时，未办理审批手续的；

（三）未建立健全节目运营规范，未采取版权保护措施，或对传播有害内容未履行提示、删除、报告义务的；

（四）未在播出界面显著位置标注播出标识、名称、《许可证》和备案编号的；

（五）未履行保留节目记录、向主管部门如实提供查询义务的；

（六）向未持有《许可证》或备案的单位提供代收费及信号传输、服务器托管等与互联网视听节目服务有关的服务的；

（七）未履行查验义务，或向互联网视听节目服务单位提供其《许可证》或备案载明事项范围以外的接入服务的；

（八）进行虚假宣传或者误导用户的；

（九）未经用户同意，擅自泄露用户信息秘密的；

（十）互联网视听服务单位在同一年度内三次出现违规行为的；

（十一）拒绝、阻挠、拖延广播电影电视主管部门依法进行监督检查或者在监督检查过程中弄虚作假的；

（十二）以虚假证明、文件等手段骗取《许可证》的。

有本条第十二项行为的，发证机关应撤销其许可证。

第二十四条　擅自从事互联网视听节目服务的，由县级以上广播电影电视主管部门予以警告、责令改正，可并处 3 万元以下罚款；情节严重的，根据《广播电视管理条例》第四十七条的规定予以处罚。

传播的视听节目内容违反本规定的，由县级以上广播电影电视主管部门予以警告、责令改正，可并处 3 万元以下罚款；情节严重的，根据《广播电视管理条例》第四十九条的规定予以处罚。

未按照许可证载明或备案的事项从事互联网视听节目服务的或违规播出时政类视听新闻节目的，由县级以上广播电影电视主管部门予以警告、责令改正，可并处 3 万元以下罚款；情节严重的，根据《广播电视管理条例》第五十条之规定予以处罚。

转播、链接、聚合、集成非法的广播电视频道和视听节目网站内容的，擅自插播、截留视听节目信号的，由县级以上广播电影电视主管部门予以警告、责令改正，可并处3万元以下罚款；情节严重的，根据《广播电视管理条例》第五十一条之规定予以处罚。

第二十五条 对违反本规定的互联网视听节目服务单位，电信主管部门应根据广播电影电视主管部门的书面意见，按照电信管理和互联网管理的法律、行政法规的规定，关闭其网站，吊销其相应许可证或撤销备案，责令为其提供信号接入服务的网络运营单位停止接入；拒不执行停止接入服务决定，违反《电信条例》第五十七条规定的，由电信主管部门依据《电信条例》第七十八条的规定吊销其许可证。

违反治安管理规定的，由公安机关依法予以处罚；构成犯罪的，由司法机关依法追究刑事责任。

第二十六条 广播电影电视、电信等主管部门不履行规定的职责，或滥用职权的，要依法给予有关责任人处分，构成犯罪的，由司法机关依法追究刑事责任。

第二十七条 互联网视听节目服务单位出现重大违法违规行为的，除按有关规定予以处罚外，其主要出资者和经营者自互联网视听节目服务单位受到处罚之日起5年内不得投资和从事互联网视听节目服务。

第二十八条 通过互联网提供视音频即时通讯服务，由国务院信息产业主管部门按照国家有关规定进行监督管理。

利用局域网络及利用互联网架设虚拟专网向公众提供网络视听节目服务，须向行业主管部门提出申请，由国务院信息产业主管部门前置审批，国务院广播电影电视主管部门审核批准，按照国家有关规定进行监督管理。

第二十九条 本规定自2008年1月31日起施行。此前发布的规定与本规定不一致之处，依本规定执行。

互联网信息搜索服务管理规定

（2016 年 6 月 25 日国家互联网信息办公室发布）

第一条 为规范互联网信息搜索服务，促进互联网信息搜索行业健康有序发展，保护公民、法人和其他组织的合法权益，维护国家安全和公共利益，根据《全国人民代表大会常务委员会关于加强网络信息保护的决定》和《国务院关于授权国家互联网信息办公室负责互联网信息内容管理工作的通知》，制定本规定。

第二条 在中华人民共和国境内从事互联网信息搜索服务，适用本规定。

本规定所称互联网信息搜索服务，是指运用计算机技术从互联网上搜集、处理各类信息供用户检索的服务。

第三条 国家互联网信息办公室负责全国互联网信息搜索服务的监督管理执法工作。地方互联网信息办公室依据职责负责本行政区域内互联网信息搜索服务的监督管理执法工作。

第四条 互联网信息搜索服务行业组织应当建立健全行业自律制度和行业准则，指导互联网信息搜索服务提供者建立健全服务规范，督促互联网信息搜索服务提供者依法提供服务、接受社会监督，提高互联网信息搜索服务从业人员的职业素养。

第五条 互联网信息搜索服务提供者应当取得法律法规定的相关资质。

第六条 互联网信息搜索服务提供者应当落实主体责任，建立健全信息审核、公共信息实时巡查、应急处置及个人信息保护等信息安全管理制度，具有安全可控的防范措施，为有关部门依法履行职责提供必要的技术支持。

第七条 互联网信息搜索服务提供者不得以链接、摘要、快照、联想词、相关搜索、相关推荐等形式提供含有法律法规禁止的信息内容。

第八条 互联网信息搜索服务提供者提供服务过程中发现搜索结果明显含有法律法规禁止内容的信息、网站及应用，应当停止提供相关搜索结果，保存有关记录，并及时向国家或者地方互联网信息办公室报告。

第九条 互联网信息搜索服务提供者及其从业人员，不得通过断开相关链接或者提供含有虚假信息的搜索结果等手段，牟取不正当利益。

第十条 互联网信息搜索服务提供者应当提供客观、公正、权威的搜索结果，不得损害国家利益、公共利益，以及公民、法人和其他组织的合法权益。

第十一条 互联网信息搜索服务提供者提供付费搜索信息服务，应当依法查验客户有关资质，明确付费搜索信息页面比例上限，醒目区分自然搜索结果与付费搜索信息，对付费搜索信息逐条加注显著标识。

互联网信息搜索服务提供者提供商业广告信息服务，应当遵守相关法律法规。

第十二条 互联网信息搜索服务提供者应当建立健全公众投诉、举报和用户权益保护制度，在显著位置公布投诉、举报方式，主动接受公众监督，及时处理公众投诉、举报，依法承担对用户权益造成损害的赔偿责任。

第十三条 本规定自 2016 年 8 月 1 日起施行。

移动互联网应用程序信息服务管理规定

（2016 年 6 月 28 日国家互联网信息办公室发布）

第一条 为加强对移动互联网应用程序（APP）信息服务的管理，保护公民、法人和其他组织的合法权益，维护国家安全和公共利益，根据《全国人民代表大会常务委员会关于加强网络信息保护的决定》和《国务院关于授权国家互联网信息办公室负责互联网信息内容管理工作的通知》，制定本规定。

第二条 在中华人民共和国境内通过移动互联网应用程序提供信息服务，从事互联网应用商店服务，应当遵守本规定。

本规定所称移动互联网应用程序，是指通过预装、下载等方式获取并运行在移动智能终端上、向用户提供信息服务的应用软件。

本规定所称移动互联网应用程序提供者，是指提供信息服务的移动互联网应用程序所有者或运营者。

本规定所称互联网应用商店，是指通过互联网提供应用软件浏览、搜索、下载或开发工具和产品发布服务的平台。

第三条 国家互联网信息办公室负责全国移动互联网应用程序信息内容的监督管理执法工作。地方互联网信息办公室依据职责负责本行政区域内的移动互联网应用程序信息内容的监督管理执法工作。

第四条 鼓励各级党政机关、企事业单位和各人民团体积极运用移动互联网应用程序，推进政务公开，提供公共服务，促进经济社会发展。

第五条 通过移动互联网应用程序提供信息服务，应当依法取得法律法规规定的相关资质。从事互联网应用商店服务，还应当在业务上线运营三十日内向所在地省、自治区、直辖市互联网信息办公室备案。

第六条　移动互联网应用程序提供者和互联网应用商店服务提供者不得利用移动互联网应用程序从事危害国家安全、扰乱社会秩序、侵犯他人合法权益等法律法规禁止的活动，不得利用移动互联网应用程序制作、复制、发布、传播法律法规禁止的信息内容。

第七条　移动互联网应用程序提供者应当严格落实信息安全管理责任，依法履行以下义务：

（一）按照"后台实名、前台自愿"的原则，对注册用户进行基于移动电话号码等真实身份信息认证。

（二）建立健全用户信息安全保护机制，收集、使用用户个人信息应当遵循合法、正当、必要的原则，明示收集使用信息的目的、方式和范围，并经用户同意。

（三）建立健全信息内容审核管理机制，对发布违法违规信息内容的，视情采取警示、限制功能、暂停更新、关闭账号等处置措施，保存记录并向有关主管部门报告。

（四）依法保障用户在安装或使用过程中的知情权和选择权，未向用户明示并经用户同意，不得开启收集地理位置、读取通讯录、使用摄像头、启用录音等功能，不得开启与服务无关的功能，不得捆绑安装无关应用程序。

（五）尊重和保护知识产权，不得制作、发布侵犯他人知识产权的应用程序。

（六）记录用户日志信息，并保存六十日。

第八条　互联网应用商店服务提供者应当对应用程序提供者履行以下管理责任：

（一）对应用程序提供者进行真实性、安全性、合法性等审核，建立信用管理制度，并向所在地省、自治区、直辖市互联网信息办公室分类备案。

（二）督促应用程序提供者保护用户信息，完整提供应用程序获取和使用用户信息的说明，并向用户呈现。

（三）督促应用程序提供者发布合法信息内容，建立健全安全审核机制，配备与服务规模相适应的专业人员。

（四）督促应用程序提供者发布合法应用程序，尊重和保护应用程序提供者的知识产权。

对违反前款规定的应用程序提供者，视情采取警示、暂停发布、下架应用程序等措施，保存记录并向有关主管部门报告。

第九条　互联网应用商店服务提供者和移动互联网应用程序提供者应当签订服务协议，明确双方权利义务，共同遵守法律法规和平台公约。

第十条　移动互联网应用程序提供者和互联网应用商店服务提供者应当配合有关部门依法进行的监督检查，自觉接受社会监督，设置便捷的投诉举报入口，及时处理公众投诉举报。

第十一条　本规定自 2016 年 8 月 1 日起施行。

互联网广告管理暂行办法

国家工商行政管理总局令

第 87 号

　　《互联网广告管理暂行办法》已经国家工商行政管理总局局务会议审议通过，现予公布，自 2016 年 9 月 1 日起施行。

国家工商行政管理总局局长

2016 年 7 月 4 日

　　第一条　为了规范互联网广告活动，保护消费者的合法权益，促进互联网广告业的健康发展，维护公平竞争的市场经济秩序，根据《中华人民共和国广告法》（以下简称广告法）等法律、行政法规，制定本办法。

　　第二条　利用互联网从事广告活动，适用广告法和本办法的规定。

　　第三条　本办法所称互联网广告，是指通过网站、网页、互联网应用程序等互联网媒介，以文字、图片、音频、视频或者其他形式，直接或者间接地推销商品或者服务的商业广告。

　　前款所称互联网广告包括：

　　（一）推销商品或者服务的含有链接的文字、图片或者视频等形式的广告；

　　（二）推销商品或者服务的电子邮件广告；

（三）推销商品或者服务的付费搜索广告；

（四）推销商品或者服务的商业性展示中的广告，法律、法规和规章规定经营者应当向消费者提供的信息的展示依照其规定；

（五）其他通过互联网媒介推销商品或者服务的商业广告。

第四条　鼓励和支持广告行业组织依照法律、法规、规章和章程的规定，制定行业规范，加强行业自律，促进行业发展，引导会员依法从事互联网广告活动，推动互联网广告行业诚信建设。

第五条　法律、行政法规规定禁止生产、销售的商品或者提供的服务，以及禁止发布广告的商品或者服务，任何单位或者个人不得在互联网上设计、制作、代理、发布广告。

禁止利用互联网发布处方药和烟草的广告。

第六条　医疗、药品、特殊医学用途配方食品、医疗器械、农药、兽药、保健食品广告等法律、行政法规规定须经广告审查机关进行审查的特殊商品或者服务的广告，未经审查，不得发布。

第七条　互联网广告应当具有可识别性，显著标明"广告"，使消费者能够辨明其为广告。

付费搜索广告应当与自然搜索结果明显区分。

第八条　利用互联网发布、发送广告，不得影响用户正常使用网络。在互联网页面以弹出等形式发布的广告，应当显著标明关闭标志，确保一键关闭。

不得以欺骗方式诱使用户点击广告内容。

未经允许，不得在用户发送的电子邮件中附加广告或者广告链接。

第九条　互联网广告主、广告经营者、广告发布者之间在互联网广告活动中应当依法订立书面合同。

第十条 互联网广告主应当对广告内容的真实性负责。

广告主发布互联网广告需具备的主体身份、行政许可、引证内容等证明文件，应当真实、合法、有效。

广告主可以通过自设网站或者拥有合法使用权的互联网媒介自行发布广告，也可以委托互联网广告经营者、广告发布者发布广告。

互联网广告主委托互联网广告经营者、广告发布者发布广告，修改广告内容时，应当以书面形式或者其他可以被确认的方式通知为其提供服务的互联网广告经营者、广告发布者。

第十一条 为广告主或者广告经营者推送或者展示互联网广告，并能够核对广告内容、决定广告发布的自然人、法人或者其他组织，是互联网广告的发布者。

第十二条 互联网广告发布者、广告经营者应当按照国家有关规定建立、健全互联网广告业务的承接登记、审核、档案管理制度；审核查验并登记广告主的名称、地址和有效联系方式等主体身份信息，建立登记档案并定期核实更新。

互联网广告发布者、广告经营者应当查验有关证明文件，核对广告内容，对内容不符或者证明文件不全的广告，不得设计、制作、代理、发布。

互联网广告发布者、广告经营者应当配备熟悉广告法规的广告审查人员；有条件的还应当设立专门机构，负责互联网广告的审查。

第十三条 互联网广告可以以程序化购买广告的方式，通过广告需求方平台、媒介方平台以及广告信息交换平台等所提供的信息整合、数据分析等服务进行有针对性地发布。

通过程序化购买广告方式发布的互联网广告，广告需求方平台经营者应当清晰标明广告来源。

第十四条 广告需求方平台是指整合广告主需求，为广告主提供发布服务的广告主服务平台。广告需求方平台的经营者是互联网广告发布者、广告经营者。

媒介方平台是指整合媒介方资源，为媒介所有者或者管理者提供程序化的广告分配和筛选的媒介服务平台。

广告信息交换平台是提供数据交换、分析匹配、交易结算等服务的数据处理平台。

第十五条 广告需求方平台经营者、媒介方平台经营者、广告信息交换平台经营者以及媒介方平台的成员，在订立互联网广告合同时，应当查验合同相对方的主体身份证明文件、真实名称、地址和有效联系方式等信息，建立登记档案并定期核实更新。

媒介方平台经营者、广告信息交换平台经营者以及媒介方平台成员，对其明知或者应知的违法广告，应当采取删除、屏蔽、断开链接等技术措施和管理措施，予以制止。

第十六条 互联网广告活动中不得有下列行为：

（一）提供或者利用应用程序、硬件等对他人正当经营的广告采取拦截、过滤、覆盖、快进等限制措施；

（二）利用网络通路、网络设备、应用程序等破坏正常广告数据传输，篡改或者遮挡他人正当经营的广告，擅自加载广告；

（三）利用虚假的统计数据、传播效果或者互联网媒介价值，诱导错误报价，谋取不正当利益或者损害他人利益。

第十七条 未参与互联网广告经营活动，仅为互联网广告提供信息服务的互联网信息服务提供者，对其明知或者应知利用其信息服务发布违法广告的，应当予以制止。

第十八条　对互联网广告违法行为实施行政处罚，由广告发布者所在地工商行政管理部门管辖。广告发布者所在地工商行政管理部门管辖异地广告主、广告经营者有困难的，可以将广告主、广告经营者的违法情况移交广告主、广告经营者所在地工商行政管理部门处理。

广告主所在地、广告经营者所在地工商行政管理部门先行发现违法线索或者收到投诉、举报的，也可以进行管辖。

对广告主自行发布的违法广告实施行政处罚，由广告主所在地工商行政管理部门管辖。

第十九条　工商行政管理部门在查处违法广告时，可以行使下列职权：

（一）对涉嫌从事违法广告活动的场所实施现场检查；

（二）询问涉嫌违法的有关当事人，对有关单位或者个人进行调查；

（三）要求涉嫌违法当事人限期提供有关证明文件；

（四）查阅、复制与涉嫌违法广告有关的合同、票据、账簿、广告作品和互联网广告后台数据，采用截屏、页面另存、拍照等方法确认互联网广告内容；

（五）责令暂停发布可能造成严重后果的涉嫌违法广告。

工商行政管理部门依法行使前款规定的职权时，当事人应当协助、配合，不得拒绝、阻挠或者隐瞒真实情况。

第二十条　工商行政管理部门对互联网广告的技术监测记录资料，可以作为对违法的互联网广告实施行政处罚或者采取行政措施的电子数据证据。

第二十一条　违反本办法第五条第一款规定，利用互联网广告推销禁止生产、销售的产品或者提供的服务，或者禁止发布广告的商品或者服务的，依照广告法第五十七条第五项的规定予以处罚；违反第二款的规定，利用互联网发布处方药、烟草广告的，依照广告法第五十七条第二项、第四项的规定予以处罚。

第二十二条　违反本办法第六条规定，未经审查发布广告的，依照广告法第五十八条第一款第十四项的规定予以处罚。

第二十三条　互联网广告违反本办法第七条规定，不具有可识别性的，依照广告法第五十九条第三款的规定予以处罚。

第二十四条　违反本办法第八条第一款规定，利用互联网发布广告，未显著标明关闭标志并确保一键关闭的，依照广告法第六十三条第二款的规定进行处罚；违反第二款、第三款规定，以欺骗方式诱使用户点击广告内容的，或者未经允许，在用户发送的电子邮件中附加广告或者广告链接的，责令改正，处一万元以上三万元以下的罚款。

第二十五条　违反本办法第十二条第一款、第二款规定，互联网广告发布者、广告经营者未按照国家有关规定建立、健全广告业务管理制度的，或者未对广告内容进行核对的，依照广告法第六十一条第一款的规定予以处罚。

第二十六条　有下列情形之一的，责令改正，处一万元以上三万元以下的罚款：

（一）广告需求方平台经营者违反本办法第十三条第二款规定，通过程序化购买方式发布的广告未标明来源的；

（二）媒介方平台经营者、广告信息交换平台经营者以及媒介方平台成员，违反本办法第十五条第一款、第二款规定，未履行相关义务的。

第二十七条　违反本办法第十七条规定，互联网信息服务提供者明知或者应知互联网广告活动违法不予制止的，依照广告法第六十四条规定予以处罚。

第二十八条 工商行政管理部门依照广告法和本办法规定所做出的行政处罚决定，应当通过企业信用信息公示系统依法向社会公示。

第二十九条 本办法自 2016 年 9 月 1 日起施行。

互联网文化管理暂行规定

中华人民共和国文化部令

第 51 号

《互联网文化管理暂行规定》已经 2011 年 2 月 11 日文化部部务会议审议通过，现予发布，自 2011 年 4 月 1 日起施行。

文化部部长

二〇一一年二月十七日

第一条　为了加强对互联网文化的管理，保障互联网文化单位的合法权益，促进我国互联网文化健康、有序地发展，根据《全国人民代表大会常务委员会关于维护互联网安全的决定》和《互联网信息服务管理办法》以及国家法律法规有关规定，制定本规定。

第二条　本规定所称互联网文化产品是指通过互联网生产、传播和流通的文化产品，主要包括：

（一）专门为互联网而生产的网络音乐娱乐、网络游戏、网络演出剧（节）目、网络表演、网络艺术品、网络动漫等互联网文化产品；

（二）将音乐娱乐、游戏、演出剧（节）目、表演、艺术品、动漫等文化产品以一定的技术手段制作、复制到互联网上传播的互联网文化产品。

第三条　本规定所称互联网文化活动是指提供互联网文化

产品及其服务的活动，主要包括：

（一）互联网文化产品的制作、复制、进口、发行、播放等活动；

（二）将文化产品登载在互联网上，或者通过互联网、移动通信网等信息网络发送到计算机、固定电话机、移动电话机、电视机、游戏机等用户端以及网吧等互联网上网服务营业场所，供用户浏览、欣赏、使用或者下载的在线传播行为；

（三）互联网文化产品的展览、比赛等活动。

互联网文化活动分为经营性和非经营性两类。经营性互联网文化活动是指以营利为目的，通过向上网用户收费或者以电子商务、广告、赞助等方式获取利益，提供互联网文化产品及其服务的活动。非经营性互联网文化活动是指不以营利为目的向上网用户提供互联网文化产品及其服务的活动。

第四条　本规定所称互联网文化单位，是指经文化行政部门和电信管理机构批准或者备案，从事互联网文化活动的互联网信息服务提供者。

在中华人民共和国境内从事互联网文化活动，适用本规定。

第五条　从事互联网文化活动应当遵守宪法和有关法律、法规，坚持为人民服务、为社会主义服务的方向，弘扬民族优秀文化，传播有益于提高公众文化素质、推动经济发展、促进社会进步的思想道德、科学技术和文化知识，丰富人民的精神生活。

第六条　文化部负责制定互联网文化发展与管理的方针、政策和规划，监督管理全国互联网文化活动。

省、自治区、直辖市人民政府文化行政部门对申请从事经营性互联网文化活动的单位进行审批，对从事非经营性互联网文化活动的单位进行备案。

县级以上人民政府文化行政部门负责本行政区域内互联网文化活动的监督管理工作。县级以上人民政府文化行政部门或者文化市场综合执法机构对从事互联网文化活动违反国家有关法规的行为实施处罚。

第七条 申请设立经营性互联网文化单位,应当符合《互联网信息服务管理办法》的有关规定,并具备以下条件:

(一)单位的名称、住所、组织机构和章程;

(二)确定的互联网文化活动范围;

(三)适应互联网文化活动需要并取得相应从业资格的 8 名以上业务管理人员和专业技术人员;

(四)适应互联网文化活动需要的设备、工作场所以及相应的经营管理技术措施;

(五)不低于 100 万元的注册资金,其中申请从事网络游戏经营活动的应当具备不低于 1000 万元的注册资金;

(六)符合法律、行政法规和国家有关规定的条件。

审批设立经营性互联网文化单位,除依照前款所列条件外,还应当符合互联网文化单位总量、结构和布局的规划。

第八条 申请设立经营性互联网文化单位,应当向所在地省、自治区、直辖市人民政府文化行政部门提出申请,由省、自治区、直辖市人民政府文化行政部门审核批准。

第九条 申请设立经营性互联网文化单位,应当提交下列文件:

(一)申请书;

(二)企业名称预先核准通知书或者营业执照和章程;

(三)资金来源、数额及其信用证明文件;

(四)法定代表人、主要负责人及主要经营管理人员、专业技术人员的资格证明和身份证明文件;

（五）工作场所使用权证明文件；

（六）业务发展报告；

（七）依法需要提交的其他文件。

对申请设立经营性互联网文化单位的，省、自治区、直辖市人民政府文化行政部门应当自受理申请之日起 20 日内做出批准或者不批准的决定。批准的，核发《网络文化经营许可证》，并向社会公告；不批准的，应当书面通知申请人并说明理由。

《网络文化经营许可证》有效期为 3 年。有效期届满，需继续从事经营的，应当于有效期届满 30 日前申请续办。

第十条 非经营性互联网文化单位，应当自设立之日起 60 日内向所在地省、自治区、直辖市人民政府文化行政部门备案，并提交下列文件：

（一）备案报告书；

（二）章程；

（三）资金来源、数额及其信用证明文件；

（四）法定代表人或者主要负责人、主要经营管理人员、专业技术人员的资格证明和身份证明文件；

（五）工作场所使用权证明文件；

（六）需要提交的其他文件。

第十一条 申请设立经营性互联网文化单位经批准后，应当持《网络文化经营许可证》，按照《互联网信息服务管理办法》的有关规定，到所在地电信管理机构或者国务院信息产业主管部门办理相关手续。

第十二条 互联网文化单位应当在其网站主页的显著位置标明文化行政部门颁发的《网络文化经营许可证》编号或者备案编号，标明国务院信息产业主管部门或者省、自治区、直辖市电信管理机构颁发的经营许可证编号或者备案编号。

第十三条 经营性互联网文化单位变更单位名称、网站名称、网站域名、法定代表人、注册地址、经营地址、注册资金、股权结构以及许可经营范围的，应当自变更之日起 20 日内到所在地省、自治区、直辖市人民政府文化行政部门办理变更手续。

非经营性互联网文化单位变更名称、地址、法定代表人或者主要负责人、业务范围的，应当自变更之日起 60 日内到所在地省、自治区、直辖市人民政府文化行政部门办理备案手续。

第十四条 经营性互联网文化单位终止互联网文化活动的，应当自终止之日起 30 日内到所在地省、自治区、直辖市人民政府文化行政部门办理注销手续。

经营性互联网文化单位自取得《网络文化经营许可证》并依法办理企业登记之日起满 180 日未开展互联网文化活动的，由原审核的省、自治区、直辖市人民政府文化行政部门注销《网络文化经营许可证》，同时通知相关省、自治区、直辖市电信管理机构。

非经营性互联网文化单位停止互联网文化活动的，由原备案的省、自治区、直辖市人民政府文化行政部门注销备案，同时通知相关省、自治区、直辖市电信管理机构。

第十五条 经营进口互联网文化产品的活动应当由取得文化行政部门核发的《网络文化经营许可证》的经营性互联网文化单位实施，进口互联网文化产品应当报文化部进行内容审查。

文化部应当自受理内容审查申请之日起 20 日内（不包括专家评审所需时间）做出批准或者不批准的决定。批准的，发给批准文件；不批准的，应当说明理由。

经批准的进口互联网文化产品应当在其显著位置标明文化部的批准文号，不得擅自变更产品名称或者增删产品内容。自批准之日起一年内未在国内经营的，进口单位应当报文化部备案并说明原因；决定终止进口的，文化部撤销其批准文号。

经营性互联网文化单位经营的国产互联网文化产品应当自正式经营起 30 日内报省级以上文化行政部门备案，并在其显著位置标明文化部备案编号，具体办法另行规定。

第十六条 互联网文化单位不得提供载有以下内容的文化产品：

（一）反对宪法确定的基本原则的；

（二）危害国家统一、主权和领土完整的；

（三）泄露国家秘密、危害国家安全或者损害国家荣誉和利益的；

（四）煽动民族仇恨、民族歧视，破坏民族团结，或者侵害民族风俗、习惯的；

（五）宣扬邪教、迷信的；

（六）散布谣言，扰乱社会秩序，破坏社会稳定的；

（七）宣扬淫秽、赌博、暴力或者教唆犯罪的；

（八）侮辱或者诽谤他人，侵害他人合法权益的；

（九）危害社会公德或者民族优秀文化传统的；

（十）有法律、行政法规和国家规定禁止的其他内容的。

第十七条 互联网文化单位提供的文化产品，使公民、法人或者其他组织的合法利益受到侵害的，互联网文化单位应当依法承担民事责任。

第十八条 互联网文化单位应当建立自审制度，明确专门部门，配备专业人员负责互联网文化产品内容和活动的自查与管理，保障互联网文化产品内容和活动的合法性。

第十九条 互联网文化单位发现所提供的互联网文化产品含有本规定第十六条所列内容之一的，应当立即停止提供，保存有关记录，向所在地省、自治区、直辖市人民政府文化行政部门报告并抄报文化部。

第二十条 互联网文化单位应当记录备份所提供的文化产品内容及其时间、互联网地址或者域名；记录备份应当保存60日，并在国家有关部门依法查询时予以提供。

第二十一条 未经批准，擅自从事经营性互联网文化活动的，由县级以上人民政府文化行政部门或者文化市场综合执法机构依据《无照经营查处取缔办法》的规定予以查处。

第二十二条 非经营性互联网文化单位违反本规定第十条，逾期未办理备案手续的，由县级以上人民政府文化行政部门或者文化市场综合执法机构责令限期改正；拒不改正的，责令停止互联网文化活动，并处1000元以下罚款。

第二十三条 经营性互联网文化单位违反本规定第十二条的，由县级以上人民政府文化行政部门或者文化市场综合执法机构责令限期改正，并可根据情节轻重处10000元以下罚款。

非经营性互联网文化单位违反本规定第十二条的，由县级以上人民政府文化行政部门或者文化市场综合执法机构责令限期改正；拒不改正的，责令停止互联网文化活动，并处500元以下罚款。

第二十四条 经营性互联网文化单位违反本规定第十三条的，由县级以上人民政府文化行政部门或者文化市场综合执法机构责令改正，没收违法所得，并处10000元以上30000元以下罚款；情节严重的，责令停业整顿直至吊销《网络文化经营许可证》；构成犯罪的，依法追究刑事责任。

非经营性互联网文化单位违反本规定第十三条的，由县级以上人民政府文化行政部门或者文化市场综合执法机构责令限期改正；拒不改正的，责令停止互联网文化活动，并处1000元以下罚款。

第二十五条 经营性互联网文化单位违反本规定第十五条，经营进口互联网文化产品未在其显著位置标明文化部批准文号、经营国产互联网文化产品未在其显著位置标明文化部备案编号的，由县级以上人民政府文化行政部门或者文化市场综合执法机构责令改正，并可根据情节轻重处 10000 元以下罚款。

第二十六条 经营性互联网文化单位违反本规定第十五条，擅自变更进口互联网文化产品的名称或者增删内容的，由县级以上人民政府文化行政部门或者文化市场综合执法机构责令停止提供，没收违法所得，并处 10000 元以上 30000 元以下罚款；情节严重的，责令停业整顿直至吊销《网络文化经营许可证》；构成犯罪的，依法追究刑事责任。

第二十七条 经营性互联网文化单位违反本规定第十五条，经营国产互联网文化产品逾期未报文化行政部门备案的，由县级以上人民政府文化行政部门或者文化市场综合执法机构责令改正，并可根据情节轻重处 20000 元以下罚款。

第二十八条 经营性互联网文化单位提供含有本规定第十六条禁止内容的互联网文化产品，或者提供未经文化部批准进口的互联网文化产品的，由县级以上人民政府文化行政部门或者文化市场综合执法机构责令停止提供，没收违法所得，并处 10000 元以上 30000 元以下罚款；情节严重的，责令停业整顿直至吊销《网络文化经营许可证》；构成犯罪的，依法追究刑事责任。

非经营性互联网文化单位，提供含有本规定第十六条禁止内容的互联网文化产品，或者提供未经文化部批准进口的互联网文化产品的，由县级以上人民政府文化行政部门或者文化市场综合执法机构责令停止提供，处 1000 元以下罚款；构成犯罪的，依法追究刑事责任。

第二十九条 经营性互联网文化单位违反本规定第十八条的，由县级以上人民政府文化行政部门或者文化市场综合执法机构责令改正，并可根据情节轻重处 20000 元以下罚款。

第三十条 经营性互联网文化单位违反本规定第十九条的，由县级以上人民政府文化行政部门或者文化市场综合执法机构予以警告，责令限期改正，并处 10000 元以下罚款。

第三十一条 违反本规定第二十条的，由省、自治区、直辖市电信管理机构责令改正；情节严重的，由省、自治区、直辖市电信管理机构责令停业整顿或者责令暂时关闭网站。

第三十二条 本规定所称文化市场综合执法机构是指依照国家有关法律、法规和规章的规定，相对集中地行使文化领域行政处罚权以及相关监督检查权、行政强制权的行政执法机构。

第三十三条 文化行政部门或者文化市场综合执法机构查处违法经营活动，依照实施违法经营行为的企业注册地或者企业实际经营地进行管辖；企业注册地和实际经营地无法确定的，由从事违法经营活动网站的信息服务许可地或者备案地进行管辖；没有许可或者备案的，由该网站服务器所在地管辖；网站服务器设置在境外的，由违法行为发生地进行管辖。

第三十四条 本规定自 2011 年 4 月 1 日起施行。2003 年 5 月 10 日发布、2004 年 7 月 1 日修订的《互联网文化管理暂行规定》同时废止。

互联网危险物品信息发布管理规定

关于印发《互联网危险物品信息发布管理规定》的通知

公通字〔2015〕5号

各省、自治区、直辖市公安厅（局）、互联网信息办、工业和信息化厅、通信管理局、环境保护厅（局）、工商行政管理局、安全生产监督管理局，新疆生产建设兵团公安局、互联网信息办、工业和信息化局、环境保护局、工商行政管理局、安全生产监督管理局：

为进一步加强对互联网危险物品信息的管理，规范危险物品从业单位信息发布行为，依法查处、打击涉及危险物品违法犯罪活动，净化网络环境，保障公共安全，公安部、国家互联网信息办公室、工业和信息化部、环境保护部、国家工商行政管理总局、国家安全生产监督管理总局联合制定了《互联网危险物品信息发布管理规定》，现印发给你们，请结合本地实际，认真贯彻执行。

公安部

国家互联网信息办公室

工业和信息化部

环境保护部

国家工商行政管理总局

国家安全生产监督管理总局

2015年2月5日

第一条 为进一步加强对互联网危险物品信息的管理，规范危险物品从业单位信息发布行为，依法查处、打击涉及危险物品的违法犯罪活动，净化网络环境，保障公共安全，根据《全国人大常委会关于加强网络信息保护的决定》、《全国人大常委会关于维护互联网安全的决定》、《广告法》、《枪支管理法》、《放射性污染防治法》和《民用爆炸物品安全管理条例》、《烟花爆竹安全管理条例》、《危险化学品安全管理条例》、《放射性同位素与射线装置安全和防护条例》、《核材料管制条例》、《互联网信息服务管理办法》等法律、法规和规章，制定本规定。

第二条 本规定所称危险物品，是指枪支弹药、爆炸物品、剧毒化学品、易制爆危险化学品和其他危险化学品、放射性物品、核材料、管制器具等能够危及人身安全和财产安全的物品。

第三条 本规定所称危险物品从业单位，是指依法取得危险物品生产、经营、使用资质的单位以及从事危险物品相关工作的教学、科研、社会团体、中介机构等单位。具体包括：

（一）经公安机关核发《民用枪支（弹药）制造许可证》、《民用枪支（弹药）配售许可证》的民用枪支、弹药制造、配售企业；

（二）经民用爆炸物品行业主管部门核发《民用爆炸物品生产许可证》、《民用爆炸物品销售许可证》的民用爆炸物品生产、销售企业，经公安机关核发《爆破作业单位许可证》的爆破作业单位；

（三）经安全生产监督管理部门核发《烟花爆竹安全生产许可证》、《烟花爆竹经营（批发）许可证》、《烟花爆竹经营（零售）许可证》的烟花爆竹生产、经营单位；

（四）经安全生产监督管理部门核发《危险化学品安全生产许可证》、《危险化学品经营许可证》、《危险化学品安全使用许

可证》的危险化学品生产、经营、使用单位;

（五）经环境保护主管部门核发《辐射安全许可证》的生产、销售、使用放射性同位素和射线装置单位;

（六）经国务院核材料管理部门核发《核材料许可证》的核材料持有、使用、生产、储存、运输和处置单位;

（七）经公安机关批准的弩制造企业、营业性射击场,经公安机关登记备案的管制刀具制造、销售单位;

（八）从事危险物品教学、科研、服务的高等院校、科研院所、社会团体、中介机构和技术服务企业;

（九）法律、法规规定的其他危险物品从业单位。

第四条 本规定所称危险物品信息,是指在互联网上发布的危险物品生产、经营、储存、使用信息,包括危险物品种类、性能、用途和危险物品专业服务等相关信息。

第五条 危险物品从业单位从事互联网信息服务的,应当按照《互联网信息服务管理办法》规定,向电信主管部门申请办理互联网信息服务增值电信业务经营许可或者办理非经营性互联网信息服务备案手续,并按照《计算机信息网络国际联网安全保护管理办法》规定,持从事危险物品活动的合法资质材料到所在地县级以上人民政府公安机关接受网站安全检查。

第六条 危险物品从业单位依法取得互联网信息服务增值电信业务经营许可或者办理非经营性互联网信息服务备案手续后,可以在本单位网站发布危险物品信息。

禁止个人在互联网上发布危险物品信息。

第七条 接入服务提供者应当与危险物品从业单位签订协议或者确认提供服务,不得为未取得增值电信业务许可或者未办理非经营性互联网信息服务备案手续的危险物品从业单位提供接入服务。

接入服务提供者不得为危险物品从业单位以外的任何单位或者个人提供危险物品信息发布网站接入服务。

第八条 危险物品从业单位应当在本单位网站主页显著位置标明可供查询的互联网信息服务经营许可证编号或者备案编号、从事危险物品活动的合法资质和营业执照等材料。

第九条 危险物品从业单位应当在本单位网站网页显著位置标明单位、个人购买相关危险物品应当具备的资质、资格条件：

（一）购买民用枪支、弹药应当持有省级或者设区的市级人民政府公安机关核发的《民用枪支（弹药）配购证》。

（二）购买民用爆炸物品应当持有国务院民用爆炸物品行业主管部门核发的《民用爆炸物品生产许可证》，或者省级人民政府民用爆炸物品行业主管部门核发的《民用爆炸物品销售许可证》，或者所在地县级人民政府公安机关核发的《民用爆炸物品购买许可证》。

（三）购买烟花爆竹的，批发企业应当持有安全生产监督管理部门核发的《烟花爆竹经营（批发）许可证》；零售单位应当持有安全生产监督管理部门核发的《烟花爆竹经营（零售）许可证》；举办焰火晚会以及其他大型焰火燃放活动的应当持有公安机关核发的《焰火燃放许可证》；个人消费者应当向持有安全生产监督管理部门核发的《烟花爆竹经营（零售）许可证》的零售单位购买。批发企业向烟花爆竹生产企业采购烟花爆竹；零售经营者向烟花爆竹批发企业采购烟花爆竹。严禁零售单位和个人购买专业燃放类烟花爆竹。

（四）购买剧毒化学品应当持有安全生产监督管理部门核发的《危险化学品安全生产许可证》，或者设区的市级人民政府安全生产监督管理部门核发的《危险化学品经营许可证》或者

《危险化学品安全使用许可证》，或者县级人民政府公安机关核发的《剧毒化学品购买许可证》。

购买易制爆危险化学品应当持有安全生产监督管理部门核发的《危险化学品安全生产许可证》，或者工业和信息化部核发的《民用爆炸物品生产许可证》，或者设区的市级人民政府安全生产监督管理部门核发的《危险化学品经营许可证》或者《危险化学品安全使用许可证》，或者本单位出具的合法用途证明。

（五）购买放射性同位素的单位应当持有环境保护主管部门核发的《辐射安全许可证》。

（六）购买核材料的单位应当持有国务院核材料管理部门核发的《核材料许可证》。

（七）购买弩应当持有省级人民政府公安机关批准使用的许可文件。

（八）购买匕首、三棱刮刀应当持有所在单位的批准文件或者证明，且匕首仅限于军人、警察、专业狩猎人员和地质、勘探等野外作业人员购买，三棱刮刀仅限于机械加工单位购买。

（九）法律、法规和相关管理部门的其他规定。

第十条 禁止危险物品从业单位在本单位网站以外的互联网应用服务中发布危险物品信息及建立相关链接。

危险物品从业单位发布的危险物品信息不得包含诱导非法购销危险物品行为的内容。

第十一条 禁止任何单位和个人在互联网上发布危险物品制造方法的信息。

第十二条 网络服务提供者应当加强对接入网站及用户发布信息的管理，定期对发布信息进行巡查，对法律、法规和本规定禁止发布或者传输的危险物品信息，应当立即停止传输，采取消除等处置措施，保存有关记录，并向公安机关等主管部门报告。

第十三条 各级公安、网信、工业和信息化、电信主管、环境保护、工商行政管理、安全监管等部门在各自的职责范围内依法履行职责，完善危险物品从业单位许可、登记备案、信息情况通报和信息发布机制，加强协作配合，共同防范危险物品信息发布的违法犯罪行为。

第十四条 违反规定制作、复制、发布、传播含有危险物品内容的信息，或者故意为制作、复制、发布、传播违法违规危险物品信息提供服务的，依法给予停止联网、停机整顿、吊销许可证或者取消备案、暂时关闭网站直至关闭网站等处罚；构成违反治安管理行为的，依法给予治安管理处罚；构成犯罪的，依法追究刑事责任。

第十五条 任何组织和个人对在互联网上违法违规发布危险物品信息和利用互联网从事走私、贩卖危险物品的违法犯罪行为，有权向有关主管部门举报。接到举报的部门应当依法及时处理，并对举报有功人员予以奖励。

第十六条 本规定自 2015 年 3 月 1 日起执行。

互联网新闻信息服务单位内容
管理从业人员管理办法

（2017 年 10 月 30 日国家互联网信息办公室公布）

第一章　总　则

第一条　为加强对互联网新闻信息服务单位内容管理从业人员（以下简称"从业人员"）的管理，维护从业人员和社会公众的合法权益，促进互联网新闻信息服务健康有序发展，根据《中华人民共和国网络安全法》《互联网新闻信息服务管理规定》，制定本办法。

第二条　本办法所称从业人员，是指互联网新闻信息服务单位中专门从事互联网新闻信息采编发布、转载和审核等内容管理工作的人员。

第三条　本办法所称互联网新闻信息服务单位，是指依法取得互联网新闻信息服务许可，通过互联网站、应用程序、论坛、博客、微博客、公众账号、即时通信工具、网络直播等形式向社会公众提供互联网新闻信息服务的单位。

第四条　国家互联网信息办公室负责全国互联网新闻信息服务单位从业人员教育培训工作的规划指导和从业情况的监督检查。

地方互联网信息办公室依据职责负责本地区互联网新闻信息服务单位从业人员教育培训工作的规划指导和从业情况的监督检查。

第二章　从业人员行为规范

第五条　从业人员应当遵守宪法、法律和行政法规，坚持正确政治方向和舆论导向，贯彻执行党和国家有关新闻舆论工作的方针政策，维护国家利益和公共利益，严格遵守互联网内容管理的法律法规和国家有关规定，促进形成积极健康、向上向善的网络文化，推动构建风清气正的网络空间。

第六条 从业人员应当坚持马克思主义新闻观，坚持社会主义核心价值观，坚持以人民为中心的工作导向，树立群众观点，坚决抵制不良风气和低俗内容。

第七条 从业人员应当恪守新闻职业道德，坚持新闻真实性原则，认真核实新闻信息来源，按规定转载国家规定范围内的单位发布的新闻信息，杜绝编发虚假互联网新闻信息，确保互联网新闻信息真实、准确、全面、客观。

第八条 从业人员不得从事有偿新闻活动。不得利用互联网新闻信息采编发布、转载和审核等工作便利从事广告、发行、赞助、中介等经营活动，谋取不正当利益。不得利用网络舆论监督等工作便利进行敲诈勒索、打击报复等活动。

第三章 从业人员教育培训

第九条 国家互联网信息办公室组织开展对中央新闻单位（含其控股的单位）和中央新闻宣传部门主管的单位主办的互联网新闻信息服务单位从业人员的教育培训工作。

省、自治区、直辖市互联网信息办公室组织开展对所在地地方新闻单位（含其控股的单位）和地方新闻宣传部门主管的单位、其他单位主办的互联网新闻信息服务单位，以及中央重点新闻网站地方频道从业人员的教育培训工作。

省、自治区、直辖市互联网信息办公室应当按要求向国家互联网信息办公室报告组织开展的从业人员教育培训工作情况。

第十条 互联网新闻信息服务单位应当建立完善从业人员

教育培训制度，建立培训档案，加强培训管理，自行组织开展从业人员初任培训、专项培训、定期培训等工作，按要求组织从业人员参加国家和省、自治区、直辖市互联网信息办公室组织开展的教育培训工作。

第十一条　从业人员应当按要求参加国家和省、自治区、直辖市互联网信息办公室组织开展的教育培训，每三年不少于40个学时。

从业人员应当接受所在互联网新闻信息服务单位自行组织开展的、每年不少于40个学时的教育培训，其中关于马克思主义新闻观的教育培训不少于10个学时。

第十二条　从业人员的教育培训内容应当包括马克思主义新闻观，党和国家关于网络安全和信息化、新闻舆论等工作的重要决策部署、政策措施和相关法律法规，从业人员职业道德规范等。

第十三条　互联网新闻信息服务单位自行组织从业人员开展的教育培训工作，应当接受国家和地方互联网信息办公室的指导和监督。有关情况纳入国家和地方互联网信息办公室对该单位的监督检查内容。

第四章　从业人员监督管理

第十四条　国家和地方互联网信息办公室指导互联网新闻信息服务单位建立健全从业人员准入、奖惩、考评、退出等制度。

互联网新闻信息服务单位应当建立健全从业人员劳动人事制度，加强从业人员管理，按照国家和地方互联网信息办公室要求，定期报送从业人员有关信息，并及时报告从业人员变动情况。

第十五条 国家互联网信息办公室建立从业人员统一的管理信息系统，对从业人员基本信息、从业培训经历和奖惩情况等进行记录，并及时更新、调整。地方互联网信息办公室负责对属地从业人员建立管理信息系统，并将更新、调整情况及时上报上一级互联网信息办公室。

国家和地方互联网信息办公室依法建立从业人员信用档案和黑名单。

第十六条 从业人员从事互联网新闻信息服务活动，存在违反本办法第五条至第八条规定，以及其他违反党和国家新闻舆论领域有关方针政策的行为的，国家或省、自治区、直辖市互联网信息办公室负责对其所在互联网新闻信息服务单位进行约谈，督促该单位对有关人员加强管理和教育培训。

从业人员存在违法行为的，根据有关法律法规依法处理。构成犯罪的，依法追究刑事责任。

互联网新闻信息服务单位发现从业人员存在违法行为的，应当依法依约对其给予警示、处分直至解除聘用合同或劳动合同，并在15个工作日内，按照分级管理、属地管理要求，将有关情况报告国家或省、自治区、直辖市互联网信息办公室。

第十七条 国家和地方互联网信息办公室将互联网新闻信息服务单位从业人员的从业情况纳入对该单位的监督检查内容。

互联网新闻信息服务单位对从业人员管理不力，造成严重后果，导致其不再符合许可条件的，由国家和地方互联网信息办公室依据《互联网新闻信息服务管理规定》第二十三条有关规定予以处理。

第十八条 从业人员提供互联网新闻信息服务，应当自觉接受社会监督。互联网新闻信息服务单位应当建立举报制度，畅通社会公众监督举报的渠道。

第五章　附　则

第十九条　互联网新闻信息服务单位的主管主办单位或宣传管理部门、新闻出版广电部门有从业人员教育培训、管理工作等方面安排和规定的，应当同时符合其规定。

本办法所称从业人员，不包括互联网新闻信息服务单位中党务、人事、行政、后勤、经营、工程技术等非直接提供互联网新闻信息服务的人员。

第二十条　本办法自 2017 年 12 月 1 日起施行。

关于促进移动互联网健康有序发展的意见

（新华社北京 2017 年 1 月 15 日电，中共中央办公厅、国务院办公厅印发）

随着信息网络技术迅猛发展和移动智能终端广泛普及，移动互联网以其泛在、连接、智能、普惠等突出优势，有力推动了互联网和实体经济深度融合，已经成为创新发展新领域、公共服务新平台、信息分享新渠道。为深入贯彻落实习近平总书记网络强国战略思想，促进我国移动互联网健康有序发展，现提出如下意见。

一、重要意义和总体要求

1. 重要性和紧迫性。党的十八大以来，以习近平同志为核心的党中央高度重视网络安全和信息化工作，成立中央网络安全和信息化领导小组，作出一系列重大决策部署，有力推动了网信事业特别是移动互联网健康发展，对方便人民群众生产生活、促进经济社会发展、维护国家安全发挥了重要作用。当前，随着互联网技术、平台、应用、商业模式与移动通信技术紧密结合，移动互联网新技术快速演进、新应用层出不穷、新业态蓬勃发展，工具属性、媒体属性、社交属性日益凸显，生态系统初步形成、加速拓展，越来越成为人们学习、工作、生活的新空间。与此同时，移动互联网安全威胁和风险日渐突出，并向经济、政治、文化、社会、生态等领域传导渗透。面对新形势新挑战，移动互联网发展管理工作还存在一些短板：体制机制有待完善，法治建设仍显滞后，政策扶持力度不够，自主创新能力不足，核心技术亟需突破，管理基础相对薄弱，企业主体责任落实不到位，安全策略不完备等。这些问题已经制约移动互联网健康有序发展，必须高度重视、抓紧解决。

2. 指导思想。全面贯彻党的十八大和十八届三中、四中、五中、六中全会精神，以邓小平理论、"三个代表"重要思想、科学发展观为指导，深入贯彻习近平总书记系列重要讲话精神和治国理政新理念新思想新战略，紧紧围绕统筹推进"五位一体"总体布局和协调推进"四个全面"战略布局，积极践行新发展理念，坚持以人民为中心的发展思想，坚持鼓励支持和规范发展并行、政策引导和依法管理并举、经济效益和社会效益并重，凝聚共识、防范风险、争取人心、保障安全、促进发展，鼓励和支持技术创新，激发和保护企业活力，不断增强发展内生动力，全方位推进移动互联网健康有序发展，更好服务党和国家事业发展大局，让移动互联网发展成果更好造福人民。

3. 基本原则。坚持发展为民，充分发挥移动互联网优势，缩小数字鸿沟，激发经济活力，为人民群众提供用得上、用得起、用得好的移动互联网信息服务；坚持改革引领，完善市场准入，规范竞争秩序，优化发展环境，全面释放创新活力和市场能量；坚持创新为要，强化目标导向、问题导向、效果导向，发挥管理主体、运营主体、使用主体作用，全方位推进理念、机制、手段等创新；坚持内容为本，创新内容生产，拓展分享渠道，净化交互生态；坚持分类指导，对移动互联网信息服务实行分类管理；坚持安全可控，全面排查、科学评估、有效防范和化解移动互联网迅猛发展带来的风险隐患，切实保障网络数据、技术、应用等安全。

二、推动移动互联网创新发展

4. 完善市场准入制度。深入推进简政放权、放管结合、优化服务，进一步取消和下放相关行政审批事项，加快落实由先证后照改为先照后证，简化审批流程、提高审批效率。建立完善与移动互联网演进发展相适应的市场准入制度，健全电信业务分级分类管理制度，健全移动互联网新业务备案管理、综合评估等制度。在确保安全的前提下，引导多元化投融资市场发展，积极稳妥推进电信市场开放，推动形成多种资本成分和各类市场主体优势互补、相互竞争、共同发展的市场新格局。

5. 加快信息基础设施演进升级。全面推进第四代移动通信（4G）网络在城市地区深度覆盖、在农村地区逐步覆盖、在贫困地区优先覆盖。加快第五代移动通信（5G）技术研发，统筹推进标准制定、系统验证和商用部署。增强网络服务能力，简化电信资费结构，实现网络资费合理下降，提升服务性价比和用户体验。创新投资和运营模式，扩大用户宽带接入网普及范围，加快民航客机、高速铁路、城市交通等公共场所无线局域网建设和应用，带动引导商业性服务场所实现无线局域网覆盖和免费开放。加快建设并优化布局内容分发网络、云计算及大数据平台等新型应用基础设施。开放民间资本进入基础电信领域竞争性业务，深入推进移动通信转售业务发展，形成基础设施共建共享、业务服务相互竞争的市场格局。改善互联网骨干网网间互联质量，优化互联架构，探索建立以长期增量成本为基础的网间结算长效机制，更好满足用户携号转网需求，营造良好市场竞争环境。

6. 实现核心技术系统性突破。坚定不移实施创新驱动发展战略，在科研投入上集中力量办大事，加快移动芯片、移动操作系统、智能传感器、位置服务等核心技术突破和成果转化，推动核心软硬件、开发环境、外接设备等系列标准制定，加紧人工智能、虚拟现实、增强现实、微机电系统等新兴移动互联网关键技术布局，尽快实现部分前沿技术、颠覆性技术在全球率先取得突破。落实企业研发费用加计扣除政策，创新核心技术研发投入机制，探索关键核心技术市场化揭榜攻关，着力提升我国骨干企业、科研机构在全球核心技术开源社区中的贡献和话语权，积极推动核心技术开源中国社区建设。

7. 推动产业生态体系协同创新。统筹移动互联网基础研究、技术创新、产业发展与应用部署，加强产业链各环节协调互动。鼓励和支持企业成为研发主体、创新主体、产业主体，加快组建产学研用联盟，推动信息服务企业、电信企业、终端厂商、设备制造商、基础软硬件企业等上下游融合创新。推动信息技术、数字创意等战略性新兴产业融合发展。提高产品服务附加值，加速移动互联网产业向价值链高端迁移。完善覆盖标准制定、成果转化、测试验证和产业化投融资评估等环节的公共服务体系。加快布局下一代互联网技术标准、产业生态和安全保障体系，全面向互联网协议第六版（IPv6）演进升级。统筹推进物联网战略规划、科技专项和产业发展，建设一批效果突出、带动性强、关联度高的典型物联网应用示范工程。

8. 加强知识产权运用和保护。开展移动互联网领域专利导航工作，制定专利布局方向建议清单，鼓励企业面向战略前沿、交叉融合领域开展知识产权战略布局，充实核心技术专利储备。推进知识产权运营交易和服务平台建设，加快推进专利信息资源开放共享，鼓励大型移动互联网企业共同组建专利池，建立资源共享和利益分配机制。建立知识产权风险管理体系，加强知识产权预警和跨境纠纷法律援助。加大对移动互联网技术、商业模式等创新成果的知识产权保护，研究完善法律法规，规范网络服务秩序，提高侵权代价和违法成本，有效威慑侵权行为。

三、强化移动互联网驱动引领作用

9. 激发信息经济活力。加快制定完善信息经济发展政策措施，将发展移动互联网纳入国家信息经济示范区统筹推进，鼓励移动互联网领先技术和创新应用先行先试，扶持基于移动互联网技术的创新创业，促进经济转型升级、提质增效。加快实施"互联网+"行动计划、国家大数据战略，大力推动移动互联网和农业、工业、服务业深度融合发展，以信息流带动技术流、资金流、人才流、物资流，促进资源优化配置，促进全要素生产率提升。创新信息经济发展模式，增强安全优质移动互联网产品、服务、内容有效供给能力，积极培育和规范引导基于移动互联网的约车、租房、支付等分享经济新业态，促进信息消费规模快速增长、信息消费市场健康活跃。

10. 支持中小微互联网企业发展壮大。充分运用国家相关政策措施推动中小微互联网企业在移动互联网领域创新发展，支持和促进大众创业、万众创新。进一步发挥国家中小企业发展基金、国家创新基金等政策性基金引导扶持作用，落实好税费减免政策，在信用担保、融资上市、政府购买服务等方面予以大力支持，消除阻碍和影响利用移动互联网开展大众创业、万众创新的制度性限制。积极扶持各类中小微企业发展移动互联网新技术、新应用、新业务，打造移动互联网协同创新平台和新型孵化器，发展众创、众包、众扶、众筹等新模式，拓展境内民间资本和风险资本融资渠道。充分发挥基础电信企业、大型互联网企业龙头带动作用，通过生产协作、开放平台、共享资源等方式，积极支持上下游中小微企业发展。遏制企业滥用市场支配地位破坏竞争秩序，营造公平有序的市场竞争环境。

11. 推进信息服务惠及全民。依托移动互联网加强电子政务建设，完善国家电子政务顶层设计，加快推进"互联网+政务服务"。在保障数据安全和个人隐私的前提下，推动公共信息资源开放利用，优先推进民生保障服务领域政府数据集向社会开放。

加快实施信息惠民工程，构建一体化在线服务平台，分级分类推进新型智慧城市建设，促进移动互联网与公共服务深度融合，重点推动基于移动互联网的交通、旅游、教育、医疗、就业、社保、养老、公安、司法等便民服务，依托移动互联网广泛覆盖和精准定位等优势加快向街道、社区、农村等延伸，促进基本公共服务均等化。推动各级党政机关积极运用移动新媒体发布政务信息，提高信息公开、公共服务和社会治理水平。

12. 实施网络扶贫行动计划。按照精准扶贫、精准脱贫要求，加大对中西部地区和农村贫困地区移动互联网基础设施建设的投资力度，充分发挥中央财政资金引导作用，带动地方财政资金和社会资本投入，加快推进贫困地区网络全覆盖。鼓励基础电信企业针对贫困地区推出优惠资费套餐，探索推出"人、机、卡、号"绑定业务，精准减免贫困户网络通信资费。以远程医疗服务、在线教育培训等为重点，大力推动移动互联网新技术新应用为贫困地区农产品销售、乡村旅游、生产指导、就业服务、技能培训等提供更加优质便捷的服务。依托网络公益扶贫联盟等各方力量，推动网信企业与贫困地区结对帮扶，组织知名电商平台为贫困地区开设扶贫频道，积极开发适合民族边远地区特点和需求的移动互联网应用。坚持经济效益和社会效益并重，在深入开展项目论证基础上，充分发挥中国互联网投资基金作用，大力推动基于移动互联网的教育、医疗、公共文化服务等民生保障项目落地和可持续实施。

13. 繁荣发展网络文化。把握移动互联网传播规律，实施社会主义核心价值观、中华优秀文化网上传播等内容建设工程，培育积极健康、向上向善的网络文化。加大中央和地方主要新闻单位、重点新闻网站等主流媒体移动端建设推广力度，积极扶持各类正能量账号和应用。加强新闻媒体移动端建设，构建导向正确、协同高效的全媒体传播体系。在互联网新闻信息服务、网络出版服务、信息网络传播视听节目服务等领域开展特殊管理股试点。大力推动传统媒体与移动新媒体深度融合发展，加快布局移动互联网阵地建设，建成一批具有强大实力和传播力、公信力、影响力的新型媒体集团。

四、防范移动互联网安全风险

14. 提升网络安全保障水平。牢固树立正确的网络安全观和动态、综合防护理念，坚持以安全保发展、以发展促安全，全方位、全天候感知移动互联网安全态势，不断强化移动互联网基础信息网络安全保障能力，大力推广具有自主知识产权的网络空间安全技术和标准应用。增强网络安全防御能力，落实网络安全责任制，制定完善关键信息基础设施安全、大数据安全等网络安全标准，明确保护对象、保护层级、保护措施。全面加强网络安全检查，摸清家底、认清风险、找出漏洞、督促整改，建立统一高效的网络安全风险报告机制、情报共享机制、研判处置机制。

15. 维护用户合法权益。完善移动互联网用户信息保护制度，严格规范收集使用用户身份、地理位置、联系方式、通信内容、消费记录等个人信息行为，保障用户知情权、选择权和隐私权。督促移动互联网企业切实履行用户服务协议和相关承诺，完善服务质量管理体系，健全投诉处理机制，提供更加安全、优质、便捷、实用的产品和服务。加大对利用"伪基站"、非法网站、恶意软件等侵害用户权益行为的打击力度，切实维护消费者权益和行业秩序。

16. 打击网络违法犯罪。坚决打击利用移动互联网鼓吹推翻国家政权、煽动宗教极端主义、宣扬民族分裂思想、教唆暴力恐怖等违法犯罪活动。严厉查处造谣诽谤、电信网络诈骗、攻击窃密、盗版侵权、非法售卖个人信息等违法犯罪行为。全面清理赌博、传销、非法集资、淫秽色情、涉枪涉爆等违法违规信息。

17. 增强网络管理能力。强化网络基础资源管理，规范基础电信服务，落实基础电信业务经营者、接入服务提供者、互联网信息服务提供者、域名服务提供者的主体责任。创新管理方式，加强新技术新应用新业态研究应对和安全评估。完善信息服务管理，规范传播行为，维护移动互联网良好传播秩序。

五、深化移动互联网国际交流合作

18. 拓展国际合作空间。围绕"一带一路"国家战略，推进网上丝绸之路国际合作，促进移动互联网基础设施互联互通，大力发展跨境移动电子商务。在第五代移动通信（5G）、下一代互联网、物联网、网络安全等关键技术和重要领域，积极参与国际标准制定和交流合作。支持移动互联网企业走出去，鼓励通过多种方式开拓国际市场，加大移动互联网应用、产品、服务海外推广力度，构建完善跨境产业链体系，不断拓展海外发展空间。

19. 参与全球移动互联网治理。全面参与全球移动互联网治理相关组织、机制和活动，加强各类双边、多边对话合作。深入参与、积极推动移动互联网领域规则和标准制定。充分发挥世界互联网大会等平台作用，大力宣介中国治网主张。建立健全信息共享机制，积极参与国际联合打击移动互联网违法犯罪行动。

20. 加强国际传播能力建设。深化中外人文交流，积极利用各类社交平台，有效运用各种传播渠道，采用融通中外的概念、范畴、表述，讲好中国故事，展现中国形象。打造具有较强影响力的国际传播媒体，创新开展多语种、跨平台互动传播，不断提升移动互联网国际传播影响力。

六、加强组织领导和工作保障

21. 完善管理体制。在中央网络安全和信息化领导小组统一领导下，中央网信办要进一步强化移动互联网管理的统筹协调、督促检查，建立健全联席会议、工作例会等制度，研究处理各地区各部门移动互联网发展管理重大事项和情况，督促指导各地区各部门有效落实领导小组决定事项、工作部署和有关要求；工业和信息化、公安、文化、新闻出版广电等有关部门和军队要根据职责切实负起责任，依法加强对移动互联网相关业务的监督管理，制定出台支持和促进移动互联网技术、产业发展的政策措施。明确地方网信部门承担互联网信息内容的监督管理执法职责，健全中央、省、市三级管理体系，加大人员、经费、技术等保障力度。

22. 扩大社会参与。鼓励社会各界广泛参与移动互联网治理，加快移动互联网社会组织建设，支持中国互联网发展基金会、中国互联网协会等各方力量积极开展网络公益活动。引导广大移动互联网用户文明上网，积极参与净化网络环境、维护网络秩序。健全行业信用评价体系和服务评议制度，完善行业管理、企业自律、社会监督联动机制。

23. 推进人才队伍建设。加强网信战线人才培养体系建设，不断提升业务能力和综合素质，注重培养、选拔、任用熟悉移动互联网发展管理工作的领导干部。坚持先行先试，创新人才引进、评价、流动、激励机制，将各方面优秀人才凝聚到网信事业中来。着力打造高端智库群，为移动互联网发展管理工作提供智力支持。采取特殊政策，建立适应网信特点的人事制度和薪酬制度。

24. 强化法治保障。加快网络立法进程，完善依法监管措施，化解网络风险。全面贯彻实施网络安全法，加快推进电子商务法等基础性立法，制定修订互联网信息服务管理办法、关键信息基础设施安全保护条例、未成年人网络保护条例等行政法规。完善司法解释和政策解读，推动现有法律法规延伸适用于移动互联网管理。建立健全网络数据管理、个人信息保护等重点管理制度。完善移动互联网管理多部门执法协调机制，加快执法信息技术系统建设，提高对网络违法犯罪识别、取证、联动查处打击等能力。加强网络普法，强化网民法治观念，提升全民网络素养。

推进互联网协议第六版（IPv6）
规模部署行动计划

（新华社北京 2017 年 11 月 26 日电，中共中央办
公厅、国务院办公厅印发）

为贯彻落实党中央、国务院关于建设网络强国的战略部署，
加快推进基于互联网协议第六版（IPv6）的下一代互联网规模
部署（以下简称 IPv6 规模部署），促进互联网演进升级和健康
创新发展，根据《国民经济和社会发展第十三个五年规划纲
要》、《国家信息化发展战略纲要》、《"十三五"国家信息化规
划》，制定本行动计划。

一、重要意义

互联网是关系国民经济和社会发展的重要基础设施，深刻
影响着全球经济格局、利益格局和安全格局。我国是世界上较
早开展 IPv6 试验和应用的国家，在技术研发、网络建设、应用
创新方面取得了重要阶段性成果，已具备大规模部署的基础和
条件。抓住全球网络信息技术加速创新变革、信息基础设施快
速演进升级的历史机遇，加强统筹谋划，加快推进 IPv6 规模部
署，构建高速率、广普及、全覆盖、智能化的下一代互联网，
是加快网络强国建设、加速国家信息化进程、助力经济社会发
展、赢得未来国际竞争新优势的紧迫要求。

（一）互联网演进升级的必然趋势

基于互联网协议第四版（IPv4）的全球互联网面临网络地
址消耗殆尽、服务质量难以保证等制约性问题，IPv6 能够提供
充足的网络地址和广阔的创新空间，是全球公认的下一代互联

网商业应用解决方案。大力发展基于 IPv6 的下一代互联网，有助于显著提升我国互联网的承载能力和服务水平，更好融入国际互联网，共享全球发展成果，有力支撑经济社会发展，赢得未来发展主动。

（二）技术产业创新发展的重大契机

推进 IPv6 规模部署是互联网技术产业生态的一次全面升级，深刻影响着网络信息技术、产业、应用的创新和变革。大力发展基于 IPv6 的下一代互联网，有助于提升我国网络信息技术自主创新能力和产业高端发展水平，高效支撑移动互联网、物联网、工业互联网、云计算、大数据、人工智能等新兴领域快速发展，不断催生新技术新业态，促进网络应用进一步繁荣，打造先进开放的下一代互联网技术产业生态。

（三）网络安全能力强化的迫切需要

加快 IPv6 规模应用为解决网络安全问题提供了新平台，为提高网络安全管理效率和创新网络安全机制提供了新思路。大力发展基于 IPv6 的下一代互联网，有助于进一步创新网络安全保障手段，不断完善网络安全保障体系，显著增强网络安全态势感知和快速处置能力，大幅提升重要数据资源和个人信息安全保护水平，进一步增强互联网的安全可信和综合治理能力。

二、总体要求

（一）指导思想

全面贯彻党的十九大精神，以习近平新时代中国特色社会主义思想为指导，紧紧围绕统筹推进"五位一体"总体布局和协调推进"四个全面"战略布局，牢固树立新发展理念，把握全球网络信息技术代际跃迁和网络基础设施演进升级的难得历史机遇，以协同推进 IPv6 规模部署为主线，以典型应用改造和特色应用创新为主攻方向，加快网络基础设施和应用基础设施升级步伐，积极构建自主技术体系和产业生态，实现互联网向 IPv6 演进升级，构建高速、移动、安全、泛在的新一代信息基础设施，促进互联网与经济社会深度融合，构筑未来发展新优势，为网络强国建设奠定坚实基础。

（二）基本原则

——统筹规划、重点突破。加强顶层设计和统筹谋划，聚焦重点环节，着力弥补 IPv6 应用短板，强化互联网应用的需求拉动作用，实现技术、产业、网络、应用的协同推进。

——政府引导、企业主导。加强政府的统筹协调、政策扶持和应用引领，优化发展环境，充分发挥企业在 IPv6 发展中的主体地位作用，激发市场需求和企业发展的内生动力。

——创新发展、保障安全。坚持发展与安全并举，大力促进下一代互联网与经济社会各领域的融合创新，同步推进网络安全系统规划、建设、运行，保障互联网安全可靠、平滑演进。

——注重实效、惠及民生。贯彻以人民为中心的发展思想，紧紧围绕人民群众的期待和需求，不断提升网络服务水平，丰富信息服务内容，让亿万人民共享互联网发展成果。

（三）主要目标

用 5 到 10 年时间，形成下一代互联网自主技术体系和产业生态，建成全球最大规模的 IPv6 商业应用网络，实现下一代互联网在经济社会各领域深度融合应用，成为全球下一代互联网发展的重要主导力量。

1. 到 2018 年末，市场驱动的良性发展环境基本形成，IPv6 活跃用户数达到 2 亿，在互联网用户中的占比不低于 20%，并在以下领域全面支持 IPv6：国内用户量排名前 50 位的商业网站及应用，省部级以上政府和中央企业外网网站系统，中央和省级新闻及广播电视媒体网站系统，工业互联网等新兴领域的网络与应用；域名托管服务企业、顶级域运营机构、域名注册服务机构的域名服务器，超大型互联网数据中心（IDC），排名前5位的内容分发网络（CDN），排名前10位云服务平台的50%云产品；互联网骨干网、骨干网网间互联体系、城域网和接入网，广电骨干网，LTE网络及业务，新增网络设备、固定网络终端、移动终端。

2. 到2020年末，市场驱动的良性发展环境日臻完善，IPv6活跃用户数超过5亿，在互联网用户中的占比超过50%，新增网络地址不再使用私有IPv4地址，并在以下领域全面支持IPv6：国内用户量排名前100位的商业网站及应用，市地级以上政府外网网站系统，市地级以上新闻及广播电视媒体网站系统；大型互联网数据中心，排名前10位的内容分发网络，排名前10位云服务平台的全部云产品；广电网络，5G网络及业务，各类新增移动和固定终端，国际出入口。

3. 到2025年末，我国IPv6网络规模、用户规模、流量规模位居世界第一位，网络、应用、终端全面支持IPv6，全面完成向下一代互联网的平滑演进升级，形成全球领先的下一代互联网技术产业体系。

（四）发展路径

遵循典型应用先行、移动固定并举、增量带动存量的发展路径。以应用为切入点和突破口，重点加强用户多、使用广的典型互联网应用的IPv6升级，强化基于IPv6的特色应用创新，带动网络、终端协同发展。抓住移动网络升级换代和固定网络"光进铜退"发展机遇，统筹推进移动和固定网络的IPv6发展，实现网络全面升级。新增网络设备、应用、终端全面支持IPv6，带动存量设备和应用加速替代，实现下一代互联网各环节平滑演进升级。

三、重点任务

（一）加快互联网应用服务升级，不断丰富网络信源

1. 升级典型应用。推动用户量大、服务面广的门户、社交、视频、电商、搜索、游戏、应用商店及上线应用等网络服务和应用全面支持 IPv6。

2. 升级政府、中央媒体、中央企业网站。强化政府网站、新闻及广播电视媒体网站和应用的示范带动作用，在相关政府采购活动中明确提出支持 IPv6 的具体需求，积极开展各级政府网站、新闻及广播电视媒体网站、中央企业外网网站 IPv6 升级改造。

3. 创新特色应用。支持地址需求量大的特色 IPv6 应用创新与示范，在宽带中国、"互联网+"、新型智慧城市、工业互联网、云计算、物联网、智能制造、人工智能等重大战略行动中加大 IPv6 推广应用力度。

（二）开展网络基础设施改造，提升网络服务水平

1. 升级改造移动和固定网络。以 LTE 语音（VoLTE）业务商业应用、光纤到户改造为契机，全面部署支持 IPv6 的 LTE 移动网络和固定宽带接入网络。

2. 推广移动和固定终端应用。新增移动终端和固定终端全面支持 IPv6，引导不支持 IPv6 的存量终端逐步退网。

3. 实现骨干网互联互通。建立完善 IPv6 骨干网网间互联体系，升级改造我国互联网骨干网互联节点，实现互联网、广电网骨干网络 IPv6 的互联互通。

4. 扩容国际出入口。逐步扩容 IPv6 国际出入口带宽，在保障网络安全前提下，实现与全球下一代互联网的高效互联互通。

5. 升级改造广电网络。以全国有线电视互联互通平台建设为契机，加快推动广播电视领域平台、网络、终端等支持 IPv6，

促进文化传媒领域业务创新升级。

（三）加快应用基础设施改造，优化流量调度能力

1. 升级改造互联网数据中心。加强互联网数据中心接入能力建设，完成互联网数据中心内网和出口改造，为用户提供 IPv6 访问通道。

2. 升级改造内容分发网络和云服务平台。加快内容分发网络、云服务平台的 IPv6 改造，全面提升 IPv6 网络流量优化调度能力。

3. 升级改造域名系统。加快互联网域名系统（DNS）的全面改造，构建域名注册、解析、管理全链条 IPv6 支持能力，开展面向 IPv6 的新型根域名服务体系的创新与试验。

4. 建设监测平台。建设国家级 IPv6 发展监测平台，全面监测和深入分析互联网网络、应用、终端、用户、流量等 IPv6 发展情况，服务推进 IPv6 规模部署工作。

（四）强化网络安全保障，维护国家网络安全

1. 升级安全系统。进一步升级改造现有网络安全保障系统，提高网络安全态势感知、快速处置、侦查打击能力。

2. 强化地址管理。统筹 IPv6 地址申请、分配、备案等管理工作，严格落实 IPv6 网络地址编码规划方案，协同推进 IPv6 部署与网络实名制。

3. 加强安全防护。开展针对 IPv6 的网络安全等级保护、个人信息保护、风险评估、通报预警、灾难备份及恢复等工作。

4. 构筑新兴领域安全保障能力。加强 IPv6 环境下工业互联网、物联网、车联网、云计算、大数据、人工智能等领域的网络安全技术、管理及机制研究，增强新兴领域网络安全保障能力。

（五）突破关键前沿技术，构建自主技术产业生态

1. 加强 IPv6 关键技术研发。支持网络过渡、网络安全、新

型路由等关键技术创新，支持网络处理器、嵌入式操作系统、重要应用软件、终端与网络设备、安全设备与系统、网络测量仪器仪表等核心设备系统研发，加强 IPv6 技术标准研制。

2. 强化网络前沿技术创新。处理好 IPv6 发展与网络技术创新、互联网中长期演进的关系，加强下一代互联网的顶层设计和统筹谋划。超前布局新型网络体系结构、编址路由、网络虚拟化、网络智能化、IPv6 安全可信体系等技术研发，加快国家未来网络试验设施等重大科研基础设施建设，支持 IPv6 下一代互联网先进网络基础设施创新平台建设，进一步加大对网络基础性、前瞻性、创新性研究的支持力度。

四、实施步骤

（一）2017 年—2018 年重点工作

1. 互联网应用

（1）典型互联网应用升级。鼓励和支持国内龙头互联网企业制定并发布主流互联网应用 IPv6 升级计划，明确"十三五"期间年度工作时间表。推动企业完成主流互联网门户、社交、视频、电商、搜索、游戏等应用的 IPv6 改造，鼓励和支持国内用户量排名前 50 位的商业网站及应用支持 IPv6 接入。推动国产主流互联网浏览器、电子邮件、文件下载等应用软件全面支持 IPv6。完成主流移动应用商店升级改造，新上线和新版本的移动互联网应用必须支持 IPv6。在 IPv4/IPv6 双栈连接的情况下，上述应用均需优先采用 IPv6 连接访问。

（2）省部级以上政府网站 IPv6 改造。初步完成国家电子政务外网改造，完成中央部委、省级政府门户网站改造。新建电子政务系统、信息化系统及服务平台全面支持 IPv6。

（3）省级以上新闻及广播电视媒体网站 IPv6 改造。完成中央及省级新闻宣传媒体门户网站改造，新建新闻及广播电视媒体网络信息系统全面支持 IPv6。

（4）中央企业网站 IPv6 改造。完成中央企业门户网站和面向公众的在线服务窗口改造，加快企业生产管理信息系统等内部网络和应用的 IPv6 改造。基础电信企业的门户网站、移动互联网应用（APP）以及应用商店等系统服务器全面支持 IPv6。

（5）新型智慧城市 IPv6 应用。在社会治理、公共安全视频监控、安全生产、健康医疗、教育、社保等领域的系统建设中采用 IPv6 技术，加快推进信息惠民。

（6）工业互联网 IPv6 应用。选择典型行业、重点企业开展工厂企业网络改造，创新工业互联网应用，构建工业互联网 IPv6 标准体系。

2. 网络基础设施

（1）LTE 网络 IPv6 升级。开展 LTE 网络端到端 IPv6 业务承载能力建设，推动 LTE 网络、业务及终端全面支持 IPv6，移动互联网 IPv6 用户规模不少于 5000 万户。

（2）骨干网 IPv6 互联互通。推进我国骨干网互联节点的 IPv6 升级，基于 IPv6 的网间互联带宽达到 1Tbps，实现高效互联互通。

（3）城域网和接入网改造。基础电信企业完成城域网和接入网的 IPv6 升级改造，完善网络管理和支撑服务系统，面向公众用户和政企客户开通商用 IPv6 宽带接入服务。

（4）IPv6 网络国际出入口建设。扩容升级互联网国际出入口，保障国际互联网 IPv6 流量有效转接互通。

（5）广播电视网络 IPv6 能力建设。加快广电 IPv6 骨干网建设、东中部有线电视接入网升级改造，推进广播电视应用基础设施建设和 IPv6 应用示范。

（6）移动和固定终端升级。基础电信企业集采的移动终端和固定终端全面支持 IPv6，推广支持 IPv6 的广播电视融合终端。

3. 应用基础设施

（1）超大型数据中心 IPv6 升级。开展超大型数据中心改造，完成相关系统升级。

（2）内容分发网络和云服务平台 IPv6 升级。推动排名前 5 位的内容分发网络和排名前 10 位的云服务平台的 50% 云产品完成升级改造，形成 IPv6 流量优化调度能力。

（3）域名系统 IPv6 升级。开展域名系统等重要互联网应用基础设施改造，推动域名注册服务机构、顶级域运营机构、域名托管服务企业的域名服务器全面支持 IPv6 访问与解析。

（4）IPv6 根域名服务体系试验示范。推动根镜像服务器的引进，进一步提升域名系统解析性能。开展新型根域名服务体系结构及应用的技术创新，建设具有一定规模的试验验证网络设施，开展应用示范。

（5）IPv6 发展监测平台建设。建成国家级 IPv6 发展监测平台，形成对网络、应用、终端、用户、流量等关键发展指标的实时监测和分析能力，定期发布 IPv6 规模部署监测报告。

4. 网络安全

IPv6 网络安全提升计划。升级改造现有网络安全保障系统，提升对 IPv6 地址和网络环境的支持能力。严格落实 IPv6 网络地址编码规划方案，加强 IPv6 地址备案管理，协同推进 IPv6 部署与网络实名制，落实技术接口要求，增强 IPv6 地址精准定位、侦查打击和快速处置能力。开展针对 IPv6 的网络安全等级保护、个人信息保护、风险评估、通报预警、灾难备份及恢复等工作。开展 IPv6 环境下工业互联网、物联网、云计算、大数据、人工智能等领域网络安全技术、管理及机制研究工作。

5. 关键前沿技术

下一代互联网技术创新项目。不断完善 IPv6 技术标准体系，加强基于 IPv6 的网络路由、网络过渡、网络管理、网络智能化、网络虚拟化及网络安全等核心技术研发。加快研发支持 IPv6 的网络处理器、嵌入式操作系统、重要应用软件、终端与网络设备、安全设备与系统、网络测量仪器仪表等自主可控核心设备系统。加强下一代互联网新型网络体系结构与关键技术创新，探索网络设施演进方向。加快建设国家未来网络试验设施，积极开展网络新技术、新应用的试验验证与应用示范。

（二）2019 年—2020 年重点工作

1. 互联网应用

（1）互联网应用升级（滚动）。继续鼓励和支持主流互联网门户、社交、视频、电商、搜索、游戏等应用，以及主流移动应用商店、互联网浏览器、电子邮件、文件下载等应用软件的 IPv6 升级和应用部署。鼓励和支持国内用户量排名前 100 位的商业网站及应用支持 IPv6 接入。在 IPv4/IPv6 双栈连接的情况下，上述应用均需优先支持 IPv6 访问。

（2）市地级以上政府网站 IPv6 改造。继续推进既有电子政务系统升级改造，全面完成电子政务外网升级。完成市地级以上政府门户网站升级改造。完成综治、金融、医疗等领域公共管理、民生公益等服务平台改造。

（3）市地级以上新闻及广播电视媒体网站 IPv6 改造。完成市地级以上新闻及广播电视媒体网站升级改造，新上业务及应用全面支持 IPv6。

（4）工业互联网 IPv6 应用（滚动）。持续开展工厂企业网络改造，推动工业互联网创新应用的规模部署，不断完善工业互联网 IPv6 应用、管理、安全等相关标准。

2. 网络基础设施

（1）骨干网 IPv6 互联互通（滚动）。新增和扩容我国 IPv6 骨干网互联节点，互联带宽达到 5Tbps。

（2）IPv6 网络国际出入口扩容（滚动）。持续扩容 IPv6 网络国际出入口，进一步提升与国际下一代互联网的互联互通能力。

（3）广播电视网络 IPv6 能力建设（滚动）。完善广电 IPv6 骨干网，实施西部地区有线电视接入网 IPv6 升级改造，基本实现广播电视内容、平台、网络、终端全流程 IPv6 部署。

（4）移动和固定终端升级（滚动）。全面部署支持 IPv6 的移动终端、固定网络终端以及广播电视融合终端，加快存量终端的淘汰替换。

3. 应用基础设施

（1）大型以上数据中心 IPv6 升级（滚动）。开展大型以上数据中心改造，完成相关系统升级，实现与网络基础设施的协同发展。

（2）内容分发网络和云服务平台的 IPv6 升级（滚动）。完成排名前 10 位的内容分发网络和排名前 10 位的云服务平台全部云产品改造，形成 IPv6 流量的优化调度能力。

（3）IPv6 发展监测平台建设（滚动）。增加监测指标和对象，不断完善监测平台功能和性能。定期开展企业、行业、区域 IPv6 发展情况评测。

4. 网络安全

IPv6 网络安全提升计划（滚动）。持续升级改造相关网络安全保障系统。深入落实网络安全等级保护制度、网络实名制和 IPv6 地址备案管理办法，继续开展相关网络安全技术、管理及机制研究工作，强化网络数据安全管理及个人信息保护能力，确保网络安全。

5. 关键前沿技术

下一代互联网技术创新项目（滚动）。持续开展支持 IPv6 的芯片、操作系统、终端及网络设备、安全系统的技术攻关和产业化。进一步加快互联网新型体系结构，以及新型编址与路由、内生网络安全、网络虚拟化等前沿基础技术创新，加强网络新技术、新应用的试验验证和应用示范，不断提升创新成果的生产力转化水平，显著增强网络信息技术自主创新能力，形成未来网络技术先发优势。

五、保障措施

（一）加强组织领导。建立网信、发展改革、工业和信息化、教育、科技、公安、安全、新闻出版广电等部门协同推进机制，强化统筹协调，明确责任分工，加强部门、行业、区域间合作，扎实推进行动计划落地实施，研究推进 IPv6 规模部署工作的重点任务。健全专家咨询制度，充分发挥调查研究和决策咨询作用，提供高质量咨询意见。鼓励行业组织和第三方机构广泛参与，完善政企间沟通协调机制。

（二）优化发展环境。统筹资金，加大支持力度，引导社会资金投入，充分发挥企业主体作用，推动 IPv6 技术创新、基础设施改造、应用部署、安全保障等领域发展。推动建立 IPv6 网络网间互联与结算体系，研究出台 IPv6 终端和流量优惠措施，引导用户向 IPv6 迁移。加快下一代互联网相关学科建设，加大下一代互联网技术、管理、国际治理人才培养力度，建立国际化人才梯队。

（三）强化规范管理。完善互联网网站、移动互联网应用等管理要求，引导和推动互联网信息服务、内容分发网络、云服务、移动虚拟运营、宽带接入等企业在系统和业务上支持 IPv6。

完善政府采购要求，明确相关设备、系统和服务支持 IPv6。在基础电信企业业绩考核中，支持和鼓励企业积极开展 IPv6 相关工作。完善设备进网中有关 IPv6 的检测要求。完善网络、应用、终端等 IPv6 支持度评测认证体系，定期开展企业、行业、区域应用情况评测。

（四）深化国际合作。密切跟踪全球下一代互联网研究、试验、技术、产业和应用情况。加强与国际标准化组织的合作，积极参与下一代互联网相关标准制定，扩大中国标准国际影响力，共同推进国际标准化进程。推动我国机构和组织在国际基础资源管理组织中发挥更大作用，增进政府间、企业间的合作与交流，建立更加科学合理的 IPv6 地址分配、互联网域名管理机制，推动构建面向下一代互联网的国际治理新秩序。

农业部办公厅关于开展农业特色
互联网小镇建设试点的指导意见

农办市〔2017〕27号

各省、自治区、直辖市及计划单列市农业（农牧、农村经济）、农机、畜牧、兽医、农垦、农产品加工、渔业厅（局、委、办），新疆生产建设兵团农业局：

为深入贯彻落实2017年中央1号文件和中央城镇化工作会议精神，加快推动农业现代化与新型工业化、信息化、城镇化同步发展，统筹推进"互联网+"现代农业行动和特色小城镇建设，前期，我部对农业特色互联网小镇建设试点作出了初步安排。为进一步规范农业特色互联网小镇建设，厘清建设的总体思路、融资模式、重点任务和机制路径，现就开展农业特色互联网小镇建设试点提出如下指导意见，请认真贯彻落实党中央、国务院决策部署并结合当地实际，按照本文件要求扎实推进农业特色互联网小镇建设。

一、农业特色互联网小镇建设的基本形势

（一）"互联网+"现代农业行动为农业特色互联网小镇建设提供了基础条件。党的十八大以来，党中央、国务院高度重视农业农村信息化工作，大力推进现代信息技术向农业农村渗透融合，农村信息基础设施支撑能力明显增强，宽带网络建设显著加速，农业生产智能化、经营网络化、管理数字化、服务在线化水平大幅提升，农民信息化应用能力明显增强。物联网、大数据、空间信息等技术在农业生产的在线监测、精准作业、数字化管理等方面得到不同程度应用。农业农村电子商务快速发展，2017 年上半年农村网络零售额为 5376.2 亿元，同比增长 38.1%，增速高出城市 4.9 个百分点，农产品电商增速远高于电子商务整体增速，农产品电商正在实现由"客厅"向"厨房"的变革。信息进村入户工程从局部试点进入全面实施阶段，并在 10 个省市开展整省推进示范。目前全国共建成运营近 7 万个益农信息社，累计为农民和新型农业经营主体提供公益服务 1360 万人次，开展便民服务 1.85 亿人次，实现电子商务交易额 135 亿元。各地积极探索农业特色互联网小镇建设，并取得初步成效。海南省自 2015 年以来，以"互联网+"为支撑，与信息进村入户工程实施紧密结合，以现代农业建设为依托，因地制宜，率先探索建设了 10 个互联网农业小镇。

（二）农业特色互联网小镇建设顺应了农业农村信息化发展趋势。新一轮科技革命和产业变革正在兴起，现代信息技术不断向农业农村生产生活各领域各环节深入渗透融合。农业特色互联网小镇建设就是顺应信息革命发展大势，以信息流带动技术流、资金流、人才流、物资流向农村地区集聚，让农村共享数字经济红利，为打破城乡二元结构、以信息化带动新型城镇化、推动城乡一体化发展带来了历史机遇。

（三）农业特色互联网小镇建设为农业农村经济社会发展提供了强大内生动力。信息化是农业现代化的制高点。农业特色互联网小镇利用互联网的理念和思维，将现代信息技术与农业生产、农民生活、农村生态的各个方面相融合，以农业电子商务、农产品加工、乡村旅游、休闲农业、运动养生等特色产业为发展载体，是将产业、文化、旅游和社区等功能融为一体的创业创新平台。建设农业特色互联网小镇，为农村经济社会发展提供了新的内生动力，有利于开发特色农业资源，促进产业集聚、创新和转型升级，推进农业供给侧结构性改革；有利于城乡协调发展，促进城乡公共服务均等化、资源配置合理化，推动农村大众创业万众创新；有利于推动自然生态、历史人文、民族特色、传统工艺与农业产业和信息技术融合发展，丰富特色产业内涵，助推脱贫攻坚。

二、总体要求

（一）指导思想

全面贯彻党的十八大和十八届三中、四中、五中、六中全会精神，牢固树立和贯彻落实创新、协调、绿色、开放、共享的发展理念，以农村资源禀赋和特色产业为基础，以"互联网+"为手段，充分发挥市场主体作用，创新制度机制，高起点、高标准、高水平培育一批特点鲜明、产业发展、绿色生态、美丽宜居的农业特色互联网小镇。

（二）基本原则

坚持政府引导、市场主体。加强政策引导和规划指导，按照公平、公开、公正的原则，组织开展银企对接、投资对接等活动，切实防范可能出现的社会风险、市场风险和法律风险；充分发挥市场配置资源的决定性作用，大力推进政府和社会资本合作，鼓励企业等市场主体投入资金并组织开展小镇建设、运营和管理等工作。

坚持创新驱动。在试点过程中，把体制机制创新和信息技术应用创新摆在小镇建设的核心位置，大胆探索创新促进小镇建设的体制机制和信息技术应用，让农民群众有更多的获得感和幸福感。

坚持绿色发展。贯彻落实绿水青山就是金山银山的发展理念，以绿色惠民为小镇建设的出发点和落脚点。因地制宜，严格按照当地生态环境的承载能力，利用信息技术，积极推动农业生产与加工、文化、旅游、康养等产业融合发展。

坚持合作共赢。运用互联网理念和思维，实现小镇共建共享和包容性发展。调动政府、市场、农民的积极性，探索建立多元主体参与、成果共享的可持续发展机制，让当地农民参与发展，共享发展成果，促进增收致富。

坚持试点先行。在省级农业部门积极组织开展试点建设与探索的基础上，优先选择政府支持力度大、企业建设积极性高、主导产业定位准确、对农民增收带动明显、持续运营能力强的小镇作为全国性试点，逐步示范推广、稳步推进。

（三）建设目标

力争到 2020 年，在全国范围内试点建设、认定一批产业支撑好、体制机制灵活、人文气息浓厚、生态环境优美、信息化程度高、多种功能叠加、具有持续运营能力的农业特色互联网小镇。

三、试点任务

（一）建设一批农业特色互联网小镇

各地要将农业特色互联网小镇建设与特色农产品优势区、全国"一村一品"示范乡镇等相结合，建设一批产业"特而强"、功能"聚而合"、形态"小而美"、机制"新而活"的农业特色互联网小镇，推动设施农业、畜禽水产养殖、农产品流通加工、休闲农业等领域的创业创新。加强资源共建共享和互联互通，全面推进信息进村入户工程，加快水电路、信息通信、物流、污水垃圾处理等基础设施建设，加大农村资源、生态、环境监测和保护力度，建设和完善农村公共服务云平台，提升教育、医疗、文化、体育等公共服务供给能力，推动电信、银行、保险、供销、交通、邮政、医院、水电气等便民服务上线，深度挖掘小镇产业价值、生态价值和文化价值，实现农业特色产业推介、文化历史展示、食宿预定、土特产网购、移动支付等资源和服务的在线化。

(二) 探索一批农业农村数字经济发展的新业态新模式

数字经济是驱动农业特色互联网小镇建设的新引擎。各地要因地制宜运用互联网等现代信息技术，融合生产、生活和生态，结合文化、产业和旅游，探索适合农业特色互联网小镇建设的新产业、新业态和新模式，最大限度挖掘和释放数字经济潜力，实现对传统农业的数字化改造，培育农业农村经济发展新动能。支持返乡下乡人员利用大数据、物联网、云计算、移动互联网等信息技术开展创业创新，培育一批具有互联网思维、能够熟练运用信息技术的新型农业经营主体。构建天空地一体化的农业物联网测控体系，在大田种植、设施农业、畜禽水产养殖等领域加大物联网技术应用。大力发展农业电子商务，加强网络、加工、包装、物流、冷链、仓储、支付等基础设施建设，完善农产品分等分级、包装配送、品牌创建、文创摄影、冷链物流等支撑体系建设，结合农产品电商出村试点，打造农产品电商供应链，加强农产品、农业生产资料和消费品的在线销售。加强农业农村大数据创新应用，完善数据采集、传输、共享基础设施，建立数据采集、处理、应用、服务体系，提升农村社会治理能力和公共服务供给水平。加快发展生产性和生活性信息服务业，与信息进村入户工程统筹推进，构建新型农业信息综合服务体系，加强农业金融、农机作业、田间管理等领域的社会化服务。大力发展社区支持农业、体验经济、分享经济等多种业态，促进一二三产业融合发展。

(三) 培育一批绿色生态优质安全的农业品牌

农业品牌是农业特色互联网小镇建设的重要抓手。依托特色农产品优势区建设，突出农业产业特色，聚焦优势品种，建立农业品牌培育、发展、监管、保护以及诚信管理制度，重点打造一批区域特色明显、产品品质优良、质量安全体系较为健全、生产方式绿色生态、市场竞争力强、适合网络营销的农业品牌，带动传统农业产业结构优化升级，提高质量、效益和竞争力。利用物联网、大数据等信息技术加强农产品质量安全监管，增强农业全产业上下游追溯体系业务协调和信息共建共享，强化产地环境监测、生产资料监控、动物疫病与卫生监督，增加消费者信任度，提升标准化程度。鼓励农业产业化龙头企业充分利用互联网技术、工具，发展农业电子商务，拓展农产品网络销售路径，打造网络品牌，实现优质优价。用互联网打造小镇对外窗口和农产品产销对接平台，利用新媒体等网络传播手段，加大小镇特色产业、产品宣传推介力度，实现生产和消费需求的精准对接。

（四）建立一套可持续发展机制

可持续发展机制是农业特色互联网小镇建设的重要保障。完善农业特色互联网小镇建设的政策体系，探索"政府引导、市场主体"的建设模式，构建小镇共建共享的可持续发展机制。创新投融资机制，拓展融资渠道，鼓励利用财政资金撬动社会资本，鼓励银行和其他金融机构加大金融支持力度。深化便利投资、商事仲裁、负面清单管理等改革创新，构建项目选择、项目孵化、资金投入和金融服务的市场化机制。完善利益分享机制，实现政府得民心、企业得效益、农村得发展、农民得实惠的综合效果。

四、有关安排和要求

（一）各级农业部门要进一步提高认识，将农业特色互联网小镇建设作为深入推进"互联网+"现代农业行动、加快推进农业农村信息化的重要任务来抓。

（二）各级农业部门要推动当地把农业特色互联网小镇建设

试点纳入本辖区内特色小城镇建设规划，坚持规划先行，不以面积为主要参考，突出特色，避免"千镇一面"。

（三）各级农业部门要加强监督管理和市场主体资质审查，确保资金使用合理合法和运营规范有序；鼓励有条件的地方设立政策性的引导资金，与市场主体开展合作，创新小镇建设的投融资方式，努力营造公平公正的营商环境。

（四）各级农业部门在结合本地实际加强机制创新的同时，要严格遵守国家相关规定，及时总结提炼试点中的经验、做法、模式和案例，并研究解决遇到的困难和问题。农业部将根据试点情况、进展成效，适时组织开展农业特色互联网小镇认定工作。

附件略。

农业部办公厅

2017 年 10 月 10 日

电信和互联网用户个人信息保护规定

中华人民共和国工业和信息化部令

第 24 号

《电信和互联网用户个人信息保护规定》已经 2013 年 6 月 28 日中华人民共和国工业和信息化部第 2 次部务会议审议通过，现予公布，自 2013 年 9 月 1 日起施行。

工业和信息化部部长

2013 年 7 月 16 日

第一章　总　则

第一条　为了保护电信和互联网用户的合法权益，维护网络信息安全，根据《全国人民代表大会常务委员会关于加强网络信息保护的决定》、《中华人民共和国电信条例》和《互联网信息服务管理办法》等法律、行政法规，制定本规定。

第二条　在中华人民共和国境内提供电信服务和互联网信息服务过程中收集、使用用户个人信息的活动，适用本规定。

第三条　工业和信息化部和各省、自治区、直辖市通信管理局（以下统称电信管理机构）依法对电信和互联网用户个人信息保护工作实施监督管理。

第四条　本规定所称用户个人信息，是指电信业务经营者和互联网信息服务提供者在提供服务的过程中收集的用户姓名、出生日期、身份证件号码、住址、电话号码、账号和密码等能够单独或者与其他信息结合识别用户的信息以及用户使用服务的时间、地点等信息。

第五条　电信业务经营者、互联网信息服务提供者在提供服务的过程中收集、使用用户个人信息，应当遵循合法、正当、必要的原则。

第六条　电信业务经营者、互联网信息服务提供者对其在提供服务过程中收集、使用的用户个人信息的安全负责。

第七条　国家鼓励电信和互联网行业开展用户个人信息保护自律工作。

第二章　信息收集和使用规范

第八条　电信业务经营者、互联网信息服务提供者应当制定用户个人信息收集、使用规则，并在其经营或者服务场所、网站等予以公布。

第九条　未经用户同意，电信业务经营者、互联网信息服务提供者不得收集、使用用户个人信息。

电信业务经营者、互联网信息服务提供者收集、使用用户个人信息的，应当明确告知用户收集、使用信息的目的、方式和范围，查询、更正信息的渠道以及拒绝提供信息的后果等事项。

电信业务经营者、互联网信息服务提供者不得收集其提供服务所必需以外的用户个人信息或者将信息用于提供服务之外的目的，不得以欺骗、误导或者强迫等方式或者违反法律、行政法规以及双方的约定收集、使用信息。

电信业务经营者、互联网信息服务提供者在用户终止使用电信服务或者互联网信息服务后，应当停止对用户个人信息的收集和使用，并为用户提供注销号码或者账号的服务。

法律、行政法规对本条第一款至第四款规定的情形另有规定的，从其规定。

第十条 电信业务经营者、互联网信息服务提供者及其工作人员对在提供服务过程中收集、使用的用户个人信息应当严格保密，不得泄露、篡改或者毁损，不得出售或者非法向他人提供。

第十一条 电信业务经营者、互联网信息服务提供者委托他人代理市场销售和技术服务等直接面向用户的服务性工作，涉及收集、使用用户个人信息的，应当对代理人的用户个人信息保护工作进行监督和管理，不得委托不符合本规定有关用户个人信息保护要求的代理人代办相关服务。

第十二条 电信业务经营者、互联网信息服务提供者应当建立用户投诉处理机制，公布有效的联系方式，接受与用户个人信息保护有关的投诉，并自接到投诉之日起十五日内答复投诉人。

第三章 安全保障措施

第十三条 电信业务经营者、互联网信息服务提供者应当采取以下措施防止用户个人信息泄露、毁损、篡改或者丢失：

（一）确定各部门、岗位和分支机构的用户个人信息安全管理责任；

（二）建立用户个人信息收集、使用及其相关活动的工作流程和安全管理制度；

（三）对工作人员及代理人实行权限管理，对批量导出、复制、销毁信息实行审查，并采取防泄密措施；

（四）妥善保管记录用户个人信息的纸介质、光介质、电磁介质等载体，并采取相应的安全储存措施；

（五）对储存用户个人信息的信息系统实行接入审查，并采取防入侵、防病毒等措施；

（六）记录对用户个人信息进行操作的人员、时间、地点、事项等信息；

（七）按照电信管理机构的规定开展通信网络安全防护工作；

（八）电信管理机构规定的其他必要措施。

第十四条　电信业务经营者、互联网信息服务提供者保管的用户个人信息发生或者可能发生泄露、毁损、丢失的，应当立即采取补救措施；造成或者可能造成严重后果的，应当立即向准予其许可或者备案的电信管理机构报告，配合相关部门进行的调查处理。

电信管理机构应当对报告或者发现的可能违反本规定的行为的影响进行评估；影响特别重大的，相关省、自治区、直辖市通信管理局应当向工业和信息化部报告。电信管理机构在依据本规定作出处理决定前，可以要求电信业务经营者和互联网信息服务提供者暂停有关行为，电信业务经营者和互联网信息服务提供者应当执行。

第十五条 电信业务经营者、互联网信息服务提供者应当对其工作人员进行用户个人信息保护相关知识、技能和安全责任培训。

第十六条 电信业务经营者、互联网信息服务提供者应当对用户个人信息保护情况每年至少进行一次自查,记录自查情况,及时消除自查中发现的安全隐患。

第四章　监督检查

第十七条 电信管理机构应当对电信业务经营者、互联网信息服务提供者保护用户个人信息的情况实施监督检查。

电信管理机构实施监督检查时,可以要求电信业务经营者、互联网信息服务提供者提供相关材料,进入其生产经营场所调查情况,电信业务经营者、互联网信息服务提供者应当予以配合。

电信管理机构实施监督检查,应当记录监督检查的情况,不得妨碍电信业务经营者、互联网信息服务提供者正常的经营或者服务活动,不得收取任何费用。

第十八条 电信管理机构及其工作人员对在履行职责中知悉的用户个人信息应当予以保密,不得泄露、篡改或者毁损,不得出售或者非法向他人提供。

第十九条 电信管理机构实施电信业务经营许可及经营许可证年检时,应当对用户个人信息保护情况进行审查。

第二十条 电信管理机构应当将电信业务经营者、互联网信息服务提供者违反本规定的行为记入其社会信用档案并予以公布。

第二十一条 鼓励电信和互联网行业协会依法制定有关用

户个人信息保护的自律性管理制度，引导会员加强自律管理，提高用户个人信息保护水平。

第五章　法律责任

第二十二条　电信业务经营者、互联网信息服务提供者违反本规定第八条、第十二条规定的，由电信管理机构依据职权责令限期改正，予以警告，可以并处一万元以下的罚款。

第二十三条　电信业务经营者、互联网信息服务提供者违反本规定第九条至第十一条、第十三条至第十六条、第十七条第二款规定的，由电信管理机构依据职权责令限期改正，予以警告，可以并处一万元以上三万元以下的罚款，向社会公告；构成犯罪的，依法追究刑事责任。

第二十四条　电信管理机构工作人员在对用户个人信息保护工作实施监督管理的过程中玩忽职守、滥用职权、徇私舞弊的，依法给予处理；构成犯罪的，依法追究刑事责任。

第六章　附　则

第二十五条　本规定自 2013 年 9 月 1 日起施行。

附　录

互联网用户账号名称管理规定

（2015 年 2 月 4 日国家互联网信息办公室发布）

第一条　为加强对互联网用户账号名称的管理，保护公民、法人和其他组织的合法权益，根据《国务院关于授权国家互联网信息办公室负责互联网信息内容管理工作的通知》和有关法律、行政法规，制定本规定。

第二条　在中华人民共和国境内注册、使用和管理互联网用户账号名称，适用本规定。

本规定所称互联网用户账号名称，是指机构或个人在博客、微博客、即时通信工具、论坛、贴吧、跟帖评论等互联网信息服务中注册或使用的账号名称。

第三条　国家互联网信息办公室负责对全国互联网用户账号名称的注册、使用实施监督管理，各省、自治区、直辖市互联网信息内容主管部门负责对本行政区域内互联网用户账号名称的注册、使用实施监督管理。

第四条　互联网信息服务提供者应当落实安全管理责任，完善用户服务协议，明示互联网信息服务使用者在账号名称、头像和简介等注册信息中不得出现违法和不良信息，配备与服务规模相适应的专业人员，对互联网用户提交的账号名称、头像和简介等注册信息进行审核,对含有违法和不良信息的,不予注册;保护用户信息及公民个人隐私,自觉接受社会监督,及时处理公众举报的账号名称、头像和简介等注册信息中的违法和不良信息。

第五条 互联网信息服务提供者应当按照"后台实名、前台自愿"的原则,要求互联网信息服务使用者通过真实身份信息认证后注册账号。

互联网信息服务使用者注册账号时,应当与互联网信息服务提供者签订协议,承诺遵守法律法规、社会主义制度、国家利益、公民合法权益、公共秩序、社会道德风尚和信息真实性等七条底线。

第六条 任何机构或个人注册和使用的互联网用户账号名称,不得有下列情形:

(一)违反宪法或法律法规规定的;

(二)危害国家安全,泄露国家秘密,颠覆国家政权,破坏国家统一的;

(三)损害国家荣誉和利益的,损害公共利益的;

(四)煽动民族仇恨、民族歧视,破坏民族团结的;

(五)破坏国家宗教政策,宣扬邪教和封建迷信的;

(六)散布谣言,扰乱社会秩序,破坏社会稳定的;

(七)散布淫秽、色情、赌博、暴力、凶杀、恐怖或者教唆犯罪的;

(八)侮辱或者诽谤他人,侵害他人合法权益的;

(九)含有法律、行政法规禁止的其他内容的。

第七条 互联网信息服务使用者以虚假信息骗取账号名称注册,或其账号头像、简介等注册信息存在违法和不良信息的,互联网信息服务提供者应当采取通知限期改正、暂停使用、注销登记等措施。

第八条 对冒用、关联机构或社会名人注册账号名称的，互联网信息服务提供者应当注销其账号，并向互联网信息内容主管部门报告。

第九条 对违反本规定的行为，由有关部门依照相关法律规定处理。

第十条 本规定自 2015 年 3 月 1 日施行。

互联网用户公众账号信息服务管理规定

（2017年9月7日国家互联网信息办公室发布）

第一条 为规范互联网用户公众账号信息服务，维护国家安全和公共利益，保护公民、法人和其他组织的合法权益，根据《中华人民共和国网络安全法》《国务院关于授权国家互联网信息办公室负责互联网信息内容管理工作的通知》，制定本规定。

第二条 在中华人民共和国境内提供、使用互联网用户公众账号从事信息发布服务，应当遵守本规定。

本规定所称互联网用户公众账号信息服务，是指通过互联网站、应用程序等网络平台以注册用户公众账号形式，向社会公众发布文字、图片、音视频等信息的服务。

本规定所称互联网用户公众账号信息服务提供者，是指提供互联网用户公众账号注册使用服务的网络平台。本规定所称互联网用户公众账号信息服务使用者，是指注册使用或运营互联网用户公众账号提供信息发布服务的机构或个人。

第三条 国家互联网信息办公室负责全国互联网用户公众账号信息服务的监督管理执法工作，地方互联网信息办公室依据职责负责本行政区域内的互联网用户公众账号信息服务的监督管理执法工作。

第四条 互联网用户公众账号信息服务提供者和使用者，应当坚持正确导向，弘扬社会主义核心价值观，培育积极健康的网络文化，维护良好网络生态。

鼓励各级党政机关、企事业单位和人民团体注册使用互联网用户公众账号发布政务信息或公共服务信息，服务经济社会发展，满足公众信息需求。

互联网用户公众账号信息服务提供者应当配合党政机关、企事业单位和人民团体提升政务信息发布和公共服务水平，提供必要的技术支撑和信息安全保障。

第五条 互联网用户公众账号信息服务提供者应当落实信息内容安全管理主体责任，配备与服务规模相适应的专业人员和技术能力，设立总编辑等信息内容安全负责人岗位，建立健全用户注册、信息审核、应急处置、安全防护等管理制度。

互联网用户公众账号信息服务提供者应当制定和公开管理规则和平台公约，与使用者签订服务协议，明确双方权利义务。

第六条 互联网用户公众账号信息服务提供者应当按照"后台实名、前台自愿"的原则，对使用者进行基于组织机构代码、身份证件号码、移动电话号码等真实身份信息认证。使用者不提供真实身份信息的，不得为其提供信息发布服务。

互联网用户公众账号信息服务提供者应当建立互联网用户公众账号信息服务使用者信用等级管理体系，根据信用等级提供相应服务。

第七条 互联网用户公众账号信息服务提供者应当对使用者的账号信息、服务资质、服务范围等信息进行审核，分类加注标识，并向所在地省、自治区、直辖市互联网信息办公室分类备案。

互联网用户公众账号信息服务提供者应当根据用户公众账号的注册主体、发布内容、账号订阅数、文章阅读量等建立数据库，对互联网用户公众账号实行分级分类管理，制定具体管理制度并向国家或省、自治区、直辖市互联网信息办公室备案。

互联网用户公众账号信息服务提供者应当对同一主体在同

一平台注册公众账号的数量合理设定上限；对同一主体在同一平台注册多个账号，或以集团、公司、联盟等形式运营多个账号的使用者，应要求其提供注册主体、业务范围、账号清单等基本信息，并向所在地省、自治区、直辖市互联网信息办公室备案。

第八条　依法取得互联网新闻信息采编发布资质的互联网新闻信息服务提供者，可以通过开设的用户公众账号采编发布新闻信息。

第九条　互联网用户公众账号信息服务提供者应当采取必要措施保护使用者个人信息安全，不得泄露、篡改、毁损，不得非法出售或者非法向他人提供。

互联网用户公众账号信息服务提供者在使用者终止使用服务后，应当为其提供注销账号的服务。

第十条　互联网用户公众账号信息服务使用者应当履行信息发布和运营安全管理责任，遵守新闻信息管理、知识产权保护、网络安全保护等法律法规和国家有关规定，维护网络传播秩序。

第十一条　互联网用户公众账号信息服务使用者不得通过公众账号发布法律法规和国家有关规定禁止的信息内容。

互联网用户公众账号信息服务提供者应加强对本平台公众账号的监测管理，发现有发布、传播违法信息的，应当立即采取消除等处置措施，防止传播扩散，保存有关记录，并向有关主管部门报告。

第十二条　互联网用户公众账号信息服务提供者开发上线公众账号留言、跟帖、评论等互动功能，应当按有关规定进行安全评估。

互联网用户公众账号信息服务提供者应当按照分级分类管

理原则，对使用者开设的用户公众账号的留言、跟帖、评论等进行监督管理，并向使用者提供管理权限，为其对互动环节实施管理提供支持。

互联网用户公众账号信息服务使用者应当对用户公众账号留言、跟帖、评论等互动环节进行实时管理。对管理不力、出现法律法规和国家有关规定禁止的信息内容的，互联网用户公众账号信息服务提供者应当依据用户协议限制或取消其留言、跟帖、评论等互动功能。

第十三条 互联网用户公众账号信息服务提供者应当对违反法律法规、服务协议和平台公约的互联网用户公众账号，依法依约采取警示整改、限制功能、暂停更新、关闭账号等处置措施，保存有关记录，并向有关主管部门报告。

互联网用户公众账号信息服务提供者应当建立黑名单管理制度，对违法违约情节严重的公众账号及注册主体纳入黑名单，视情采取关闭账号、禁止重新注册等措施，保存有关记录，并向有关主管部门报告。

第十四条 鼓励互联网行业组织指导推动互联网用户公众账号信息服务提供者、使用者制定行业公约，加强行业自律，履行社会责任。

鼓励互联网行业组织建立多方参与的权威专业调解机制，协调解决行业纠纷。

第十五条 互联网用户公众账号信息服务提供者和使用者应当接受社会公众、行业组织监督。

互联网用户公众账号信息服务提供者应当设置便捷举报入口，健全投诉举报渠道，完善恶意举报甄别、举报受理反馈等机制，及时公正处理投诉举报。国家和地方互联网信息办公室依据职责，对举报受理落实情况进行监督检查。

第十六条 互联网用户公众账号信息服务提供者和使用者应当配合有关主管部门依法进行的监督检查，并提供必要的技术支持和协助。

互联网用户公众账号信息服务提供者应当记录互联网用户公众账号信息服务使用者发布内容和日志信息，并按规定留存不少于六个月。

第十七条 互联网用户公众账号信息服务提供者和使用者违反本规定的，由有关部门依照相关法律法规处理。

第十八条 本规定自 2017 年 10 月 8 日起施行。

互联网域名管理办法

中华人民共和国工业和信息化部令

第 43 号

《互联网域名管理办法》已经 2017 年 8 月 16 日工业和信息化部第 32 次部务会议审议通过，现予公布，自 2017 年 11 月 1 日起施行。原信息产业部 2004 年 11 月 5 日公布的《中国互联网络域名管理办法》（原信息产业部令第 30 号）同时废止。

工业和信息化部部长

2017 年 8 月 24 日

第一章　总　则

第一条　为了规范互联网域名服务，保护用户合法权益，保障互联网域名系统安全、可靠运行，推动中文域名和国家顶级域名发展和应用，促进中国互联网健康发展，根据《中华人民共和国行政许可法》、《国务院对确需保留的行政审批项目设定行政许可的决定》等规定，参照国际上互联网域名管理准则，制定本办法。

第二条 在中华人民共和国境内从事互联网域名服务及其运行维护、监督管理等相关活动，应当遵守本办法。

本办法所称互联网域名服务（以下简称域名服务），是指从事域名根服务器运行和管理、顶级域名运行和管理、域名注册、域名解析等活动。

第三条 工业和信息化部对全国的域名服务实施监督管理，主要职责是：

（一）制定互联网域名管理规章及政策；

（二）制定中国互联网域名体系、域名资源发展规划；

（三）管理境内的域名根服务器运行机构和域名注册管理机构；

（四）负责域名体系的网络与信息安全管理；

（五）依法保护用户个人信息和合法权益；

（六）负责与域名有关的国际协调；

（七）管理境内的域名解析服务；

（八）管理其他与域名服务相关的活动。

第四条 各省、自治区、直辖市通信管理局对本行政区域内的域名服务实施监督管理，主要职责是：

（一）贯彻执行域名管理法律、行政法规、规章和政策；

（二）管理本行政区域内的域名注册服务机构；

（三）协助工业和信息化部对本行政区域内的域名根服务器运行机构和域名注册管理机构进行管理；

（四）负责本行政区域内域名系统的网络与信息安全管理；

（五）依法保护用户个人信息和合法权益；

（六）管理本行政区域内的域名解析服务；

（七）管理本行政区域内其他与域名服务相关的活动。

第五条 中国互联网域名体系由工业和信息化部予以公告。根据域名发展的实际情况，工业和信息化部可以对中国互联网域名体系进行调整。

第六条 ".CN"和".中国"是中国的国家顶级域名。

中文域名是中国互联网域名体系的重要组成部分。国家鼓励和支持中文域名系统的技术研究和推广应用。

第七条 提供域名服务，应当遵守国家相关法律法规，符合相关技术规范和标准。

第八条 任何组织和个人不得妨碍互联网域名系统的安全和稳定运行。

第二章　域名管理

第九条 在境内设立域名根服务器及域名根服务器运行机构、域名注册管理机构和域名注册服务机构的，应当依据本办法取得工业和信息化部或者省、自治区、直辖市通信管理局（以下统称电信管理机构）的相应许可。

第十条 申请设立域名根服务器及域名根服务器运行机构的，应当具备以下条件：

（一）域名根服务器设置在境内，并且符合互联网发展相关规划及域名系统安全稳定运行要求；

（二）是依法设立的法人，该法人及其主要出资者、主要经营管理人员具有良好的信用记录；

（三）具有保障域名根服务器安全可靠运行的场地、资金、环境、专业人员和技术能力以及符合电信管理机构要求的信息管理系统；

（四）具有健全的网络与信息安全保障措施，包括管理人员、网络与信息安全管理制度、应急处置预案和相关技术、管理措施等；

（五）具有用户个人信息保护能力、提供长期服务的能力及健全的服务退出机制；

（六）法律、行政法规规定的其他条件。

第十一条 申请设立域名注册管理机构的，应当具备以下条件：

（一）域名管理系统设置在境内，并且持有的顶级域名符合相关法律法规及域名系统安全稳定运行要求；

（二）是依法设立的法人，该法人及其主要出资者、主要经营管理人员具有良好的信用记录；

（三）具有完善的业务发展计划和技术方案以及与从事顶级域名运行管理相适应的场地、资金、专业人员以及符合电信管理机构要求的信息管理系统；

（四）具有健全的网络与信息安全保障措施，包括管理人员、网络与信息安全管理制度、应急处置预案和相关技术、管理措施等；

（五）具有进行真实身份信息核验和用户个人信息保护的能力、提供长期服务的能力及健全的服务退出机制；

（六）具有健全的域名注册服务管理制度和对域名注册服务机构的监督机制；

（七）法律、行政法规规定的其他条件。

第十二条 申请设立域名注册服务机构的，应当具备以下条件：

（一）在境内设置域名注册服务系统、注册数据库和相应的域名解析系统；

(二) 是依法设立的法人，该法人及其主要出资者、主要经营管理人员具有良好的信用记录；

(三) 具有与从事域名注册服务相适应的场地、资金和专业人员以及符合电信管理机构要求的信息管理系统；

(四) 具有进行真实身份信息核验和用户个人信息保护的能力、提供长期服务的能力及健全的服务退出机制；

(五) 具有健全的域名注册服务管理制度和对域名注册代理机构的监督机制；

(六) 具有健全的网络与信息安全保障措施，包括管理人员、网络与信息安全管理制度、应急处置预案和相关技术、管理措施等；

(七) 法律、行政法规规定的其他条件。

第十三条 申请设立域名根服务器及域名根服务器运行机构、域名注册管理机构的，应当向工业和信息化部提交申请材料。申请设立域名注册服务机构的，应当向住所地省、自治区、直辖市通信管理局提交申请材料。

申请材料应当包括：

(一) 申请单位的基本情况及其法定代表人签署的依法诚信经营承诺书；

(二) 对域名服务实施有效管理的证明材料，包括相关系统及场所、服务能力的证明材料、管理制度、与其他机构签订的协议等；

(三) 网络与信息安全保障制度及措施；

(四) 证明申请单位信誉的材料。

第十四条 申请材料齐全、符合法定形式的，电信管理机构应当向申请单位出具受理申请通知书；申请材料不齐全或者不符合法定形式的，电信管理机构应当场或者在 5 个工作日内一次性书面告知申请单位需要补正的全部内容；不予受理的，应当出具不予受理通知书并说明理由。

第十五条　电信管理机构应当自受理之日起 20 个工作日内完成审查，作出予以许可或者不予许可的决定。20 个工作日内不能作出决定的，经电信管理机构负责人批准，可以延长 10 个工作日，并将延长期限的理由告知申请单位。需要组织专家论证的，论证时间不计入审查期限。

予以许可的，应当颁发相应的许可文件；不予许可的，应当书面通知申请单位并说明理由。

第十六条　域名根服务器运行机构、域名注册管理机构和域名注册服务机构的许可有效期为 5 年。

第十七条　域名根服务器运行机构、域名注册管理机构和域名注册服务机构的名称、住所、法定代表人等信息发生变更的，应当自变更之日起 20 日内向原发证机关办理变更手续。

第十八条　在许可有效期内，域名根服务器运行机构、域名注册管理机构、域名注册服务机构拟终止相关服务的，应当提前 30 日书面通知用户，提出可行的善后处理方案，并向原发证机关提交书面申请。

原发证机关收到申请后，应当向社会公示 30 日。公示期结束 60 日内，原发证机关应当完成审查并做出决定。

第十九条　许可有效期届满需要继续从事域名服务的，应当提前 90 日向原发证机关申请延续；不再继续从事域名服务的，应当提前 90 日向原发证机关报告并做好善后工作。

第二十条　域名注册服务机构委托域名注册代理机构开展市场销售等工作的，应当对域名注册代理机构的工作进行监督和管理。

域名注册代理机构受委托开展市场销售等工作的过程中，应当主动表明代理关系，并在域名注册服务合同中明示相关域名注册服务机构名称及代理关系。

第二十一条　域名注册管理机构、域名注册服务机构应当在境内设立相应的应急备份系统并定期备份域名注册数据。

第二十二条　域名根服务器运行机构、域名注册管理机构、域名注册服务机构应当在其网站首页和经营场所显著位置标明其许可相关信息。域名注册管理机构还应当标明与其合作的域名注册服务机构名单。

域名注册代理机构应当在其网站首页和经营场所显著位置标明其代理的域名注册服务机构名称。

第三章　域名服务

第二十三条　域名根服务器运行机构、域名注册管理机构和域名注册服务机构应当向用户提供安全、方便、稳定的服务。

第二十四条　域名注册管理机构应当根据本办法制定域名注册实施细则并向社会公开。

第二十五条　域名注册管理机构应当通过电信管理机构许可的域名注册服务机构开展域名注册服务。

域名注册服务机构应当按照电信管理机构许可的域名注册服务项目提供服务，不得为未经电信管理机构许可的域名注册管理机构提供域名注册服务。

第二十六条　域名注册服务原则上实行"先申请先注册"，相应域名注册实施细则另有规定的，从其规定。

第二十七条　为维护国家利益和社会公众利益，域名注册管理机构应当建立域名注册保留字制度。

第二十八条 任何组织或者个人注册、使用的域名中，不得含有下列内容：

（一）反对宪法所确定的基本原则的；

（二）危害国家安全，泄露国家秘密，颠覆国家政权，破坏国家统一的；

（三）损害国家荣誉和利益的；

（四）煽动民族仇恨、民族歧视，破坏民族团结的；

（五）破坏国家宗教政策，宣扬邪教和封建迷信的；

（六）散布谣言，扰乱社会秩序，破坏社会稳定的；

（七）散布淫秽、色情、赌博、暴力、凶杀、恐怖或者教唆犯罪的；

（八）侮辱或者诽谤他人，侵害他人合法权益的；

（九）含有法律、行政法规禁止的其他内容的。

域名注册管理机构、域名注册服务机构不得为含有前款所列内容的域名提供服务。

第二十九条 域名注册服务机构不得采用欺诈、胁迫等不正当手段要求他人注册域名。

第三十条 域名注册服务机构提供域名注册服务，应当要求域名注册申请者提供域名持有者真实、准确、完整的身份信息等域名注册信息。

域名注册管理机构和域名注册服务机构应当对域名注册信息的真实性、完整性进行核验。

域名注册申请者提供的域名注册信息不准确、不完整的，域名注册服务机构应当要求其予以补正。申请者不补正或者提供不真实的域名注册信息的，域名注册服务机构不得为其提供域名注册服务。

第三十一条 域名注册服务机构应当公布域名注册服务的

内容、时限、费用，保证服务质量，提供域名注册信息的公共查询服务。

第三十二条 域名注册管理机构、域名注册服务机构应当依法存储、保护用户个人信息。未经用户同意不得将用户个人信息提供给他人，但法律、行政法规另有规定的除外。

第三十三条 域名持有者的联系方式等信息发生变更的，应当在变更后 30 日内向域名注册服务机构办理域名注册信息变更手续。

域名持有者将域名转让给他人的，受让人应当遵守域名注册的相关要求。

第三十四条 域名持有者有权选择、变更域名注册服务机构。变更域名注册服务机构的，原域名注册服务机构应当配合域名持有者转移其域名注册相关信息。

无正当理由的，域名注册服务机构不得阻止域名持有者变更域名注册服务机构。

电信管理机构依法要求停止解析的域名，不得变更域名注册服务机构。

第三十五条 域名注册管理机构和域名注册服务机构应当设立投诉受理机制，并在其网站首页和经营场所显著位置公布投诉受理方式。

域名注册管理机构和域名注册服务机构应当及时处理投诉；不能及时处理的，应当说明理由和处理时限。

第三十六条 提供域名解析服务，应当遵守有关法律、法规、标准，具备相应的技术、服务和网络与信息安全保障能力，落实网络与信息安全保障措施，依法记录并留存域名解析日志、维护日志和变更记录，保障解析服务质量和解析系统安全。涉及经营电信业务的，应当依法取得电信业务经营许可。

第三十七条 提供域名解析服务，不得擅自篡改解析信息。

任何组织或者个人不得恶意将域名解析指向他人的 IP 地址。

第三十八条 提供域名解析服务，不得为含有本办法第二十八条第一款所列内容的域名提供域名跳转。

第三十九条 从事互联网信息服务的，其使用域名应当符合法律法规和电信管理机构的有关规定，不得将域名用于实施违法行为。

第四十条 域名注册管理机构、域名注册服务机构应当配合国家有关部门依法开展的检查工作，并按照电信管理机构的要求对存在违法行为的域名采取停止解析等处置措施。

域名注册管理机构、域名注册服务机构发现其提供服务的域名发布、传输法律和行政法规禁止发布或者传输的信息的，应当立即采取消除、停止解析等处置措施，防止信息扩散，保存有关记录，并向有关部门报告。

第四十一条 域名根服务器运行机构、域名注册管理机构和域名注册服务机构应当遵守国家相关法律、法规和标准，落实网络与信息安全保障措施，配置必要的网络通信应急设备，建立健全网络与信息安全监测技术手段和应急制度。域名系统出现网络与信息安全事件时，应当在 24 小时内向电信管理机构报告。

因国家安全和处置紧急事件的需要，域名根服务器运行机构、域名注册管理机构和域名注册服务机构应当服从电信管理机构的统一指挥与协调，遵守电信管理机构的管理要求。

第四十二条 任何组织或者个人认为他人注册或者使用的域名侵害其合法权益的，可以向域名争议解决机构申请裁决或者依法向人民法院提起诉讼。

第四十三条 已注册的域名有下列情形之一的，域名注册服务机构应当予以注销，并通知域名持有者：

（一）域名持有者申请注销域名的；

（二）域名持有者提交虚假域名注册信息的；

（三）依据人民法院的判决、域名争议解决机构的裁决，应当注销的；

（四）法律、行政法规规定予以注销的其他情形。

第四章　监督检查

第四十四条　电信管理机构应当加强对域名服务的监督检查。域名根服务器运行机构、域名注册管理机构、域名注册服务机构应当接受、配合电信管理机构的监督检查。

鼓励域名服务行业自律管理，鼓励公众监督域名服务。

第四十五条　域名根服务器运行机构、域名注册管理机构、域名注册服务机构应当按照电信管理机构的要求，定期报送业务开展情况、安全运行情况、网络与信息安全责任落实情况、投诉和争议处理情况等信息。

第四十六条　电信管理机构实施监督检查时，应当对域名根服务器运行机构、域名注册管理机构和域名注册服务机构报送的材料进行审核，并对其执行法律法规和电信管理机构有关规定的情况进行检查。

电信管理机构可以委托第三方专业机构开展有关监督检查活动。

第四十七条　电信管理机构应当建立域名根服务器运行机构、域名注册管理机构和域名注册服务机构的信用记录制度，将其违反本办法并受到行政处罚的行为记入信用档案。

第四十八条　电信管理机构开展监督检查，不得妨碍域名根服务器运行机构、域名注册管理机构和域名注册服务机构正常的经营和服务活动，不得收取任何费用，不得泄露所知悉的域名注册信息。

第五章　罚　则

第四十九条　违反本办法第九条规定，未经许可擅自设立域名根服务器及域名根服务器运行机构、域名注册管理机构、域名注册服务机构的，电信管理机构应当根据《中华人民共和国行政许可法》第八十一条的规定，采取措施予以制止，并视情节轻重，予以警告或者处一万元以上三万元以下罚款。

第五十条　违反本办法规定，域名注册管理机构或者域名注册服务机构有下列行为之一的，由电信管理机构依据职权责令限期改正，并视情节轻重，处一万元以上三万元以下罚款，向社会公告：

（一）为未经许可的域名注册管理机构提供域名注册服务，或者通过未经许可的域名注册服务机构开展域名注册服务的；

（二）未按照许可的域名注册服务项目提供服务的；

（三）未对域名注册信息的真实性、完整性进行核验的；

（四）无正当理由阻止域名持有者变更域名注册服务机构的。

第五十一条　违反本办法规定，提供域名解析服务，有下列行为之一的，由电信管理机构责令限期改正，可以视情节轻重处一万元以上三万元以下罚款，向社会公告：

（一）擅自篡改域名解析信息或者恶意将域名解析指向他人IP地址的；

（二）为含有本办法第二十八条第一款所列内容的域名提供

域名跳转的；

（三）未落实网络与信息安全保障措施的；

（四）未依法记录并留存域名解析日志、维护日志和变更记录的；

（五）未按照要求对存在违法行为的域名进行处置的。

第五十二条 违反本办法第十七条、第十八条第一款、第二十一条、第二十二条、第二十八条第二款、第二十九条、第三十一条、第三十二条、第三十五条第一款、第四十条第二款、第四十一条规定的，由电信管理机构依据职权责令限期改正，可以并处一万元以上三万元以下罚款，向社会公告。

第五十三条 法律、行政法规对有关违法行为的处罚另有规定的，依照有关法律、行政法规的规定执行。

第五十四条 任何组织或者个人违反本办法第二十八条第一款规定注册、使用域名，构成犯罪的，依法追究刑事责任；尚不构成犯罪的，由有关部门依法予以处罚。

第六章 附 则

第五十五条 本办法下列用语的含义是：

（一）域名：指互联网上识别和定位计算机的层次结构式的字符标识，与该计算机的 IP 地址相对应。

（二）中文域名：指含有中文文字的域名。

（三）顶级域名：指域名体系中根节点下的第一级域的名称。

（四）域名根服务器：指承担域名体系中根节点功能的服务器（含镜像服务器）。

（五）域名根服务器运行机构：指依法获得许可并承担域名

根服务器运行、维护和管理工作的机构。

（六）域名注册管理机构：指依法获得许可并承担顶级域名运行和管理工作的机构。

（七）域名注册服务机构：指依法获得许可、受理域名注册申请并完成域名在顶级域名数据库中注册的机构。

（八）域名注册代理机构：指受域名注册服务机构的委托，受理域名注册申请，间接完成域名在顶级域名数据库中注册的机构。

（九）域名管理系统：指域名注册管理机构在境内开展顶级域名运行和管理所需的主要信息系统，包括注册管理系统、注册数据库、域名解析系统、域名信息查询系统、身份信息核验系统等。

（十）域名跳转：指对某一域名的访问跳转至该域名绑定或者指向的其他域名、IP 地址或者网络信息服务等。

第五十六条 本办法中规定的日期，除明确为工作日的以外，均为自然日。

第五十七条 在本办法施行前未取得相应许可开展域名服务的，应当自本办法施行之日起十二个月内，按照本办法规定办理许可手续。

在本办法施行前已取得许可的域名根服务器运行机构、域名注册管理机构和域名注册服务机构，其许可有效期适用本办法第十六条的规定，有效期自本办法施行之日起计算。

第五十八条 本办法自 2017 年 11 月 1 日起施行。2004 年 11 月 5 日公布的《中国互联网络域名管理办法》（原信息产业部令第 30 号）同时废止。本办法施行前公布的有关规定与本办法不一致的，按照本办法执行。

关于中国计算机信息网络
国际联网管理

中华人民共和国计算机信息网络
国际联网管理暂行规定

（1996 年 2 月 1 日中华人民共和国国务院令第 195 号发布；根据 1997 年 5 月 20 日《国务院关于修改〈中华人民共和国计算机信息网络国际联网管理暂行规定〉的决定》修正）

第一条　为了加强对计算机信息网络国际联网的管理，保障国际计算机信息交流的健康发展，制定本规定。

第二条　中华人民共和国境内的计算机信息网络进行国际联网，应当依照本规定办理。

第三条　本规定下列用语的含义是：

（一）计算机信息网络国际联网（以下简称国际联网），是指中华人民共和国境内的计算机信息网络为实现信息的国际交流，同外国的计算机信息网络相联接。

（二）互联网络，是指直接进行国际联网的计算机信息网络；互联单位，是指负责互联网络运行的单位。

（三）接入网络，是指通过接入互联网络进行国际联网的计算机信息网络；接入单位，是指负责接入网络运行的单位。

第四条　国家对国际联网实行统筹规划、统一标准、分级管理、促进发展的原则。

第五条　国务院信息化工作领导小组（以下简称领导小组），负责协调、解决有关国际联网工作中的重大问题。

领导小组办公室按照本规定制定具体管理办法，明确国际出入口信道提供单位、互联单位、接入单位和用户的权利、义务和责任，并负责对国际联网工作的检查监督。

第六条　计算机信息网络直接进行国际联网，必须使用邮电部国家公用电信网提供的国际出入口信道。

任何单位和个人不得自行建立或者使用其他信道进行国际联网。

第七条　已经建立的互联网络，根据国务院有关规定调整后，分别由邮电部、电子工业部、国家教育委员会和中国科学院管理。

新建互联网络，必须报经国务院批准。

第八条　接入网络必须通过互联网络进行国际联网。

接入单位拟从事国际联网经营活动的，应当向有权受理从事国际联网经营活动申请的互联单位主管部门或者主管单位申请领取国际联网经营许可证；未取得国际联网经营许可证的，不得从事国际联网经营业务。

接入单位拟从事非经营活动的，应当报经有权受理从事非经营活动申请的互联单位主管部门或者主管单位审批；未经批准的，不得接入互联网络进行国际联网。

申请领取国际联网经营许可证或者办理审批手续时，应当提供其计算机信息网络的性质、应用范围和主机地址等资料。

国际联网经营许可证的格式，由领导小组统一制定。

第九条 从事国际联网经营活动的和从事非经营活动的接入单位都必须具备下列条件：

（一）是依法设立的企业法人或者事业法人；

（二）具有相应的计算机信息网络、装备以及相应的技术人员和管理人员；

（三）具有健全的安全保密管理制度和技术保护措施；

（四）符合法律和国务院规定的其他条件。

接入单位从事国际联网经营活动的，除必须具备本条前款规定条件外，还应当具备为用户提供长期服务的能力。

从事国际联网经营活动的接入单位的情况发生变化，不再符合本条第一款、第二款规定条件的，其国际联网经营许可证由发证机构予以吊销；从事非经营活动的接入单位的情况发生变化，不再符合本条第一款规定条件的，其国际联网资格由审批机构予以取消。

第十条 个人、法人和其他组织（以下统称用户）使用的计算机或者计算机信息网络，需要进行国际联网的，必须通过接入网络进行国际联网。

前款规定的计算机或者计算机信息网络，需要接入网络的，应当征得接入单位的同意，并办理登记手续。

第十一条 国际出入口信道提供单位、互联单位和接入单位，应当建立相应的网络管理中心，依照法律和国家有关规定加强对本单位及其用户的管理，做好网络信息安全管理工作，确保为用户提供良好、安全的服务。

第十二条 互联单位与接入单位，应当负责本单位及其用户有关国际联网的技术培训和管理教育工作。

第十三条 从事国际联网业务的单位和个人，应当遵守国家有关法律、行政法规，严格执行安全保密制度，不得利用国际联网从事危害国家安全、泄露国家秘密等违法犯罪活动，不得制作、查阅、复制和传播妨碍社会治安的信息和淫秽色情等信息。

第十四条 违反本规定第六条、第八条和第十条的规定的，由公安机关责令停止联网，给予警告，可以并处 15000 元以下的罚款；有违法所得的，没收违法所得。

第十五条 违反本规定，同时触犯其他有关法律、行政法规的，依照有关法律、行政法规的规定予以处罚；构成犯罪的，依法追究刑事责任。

第十六条 与台湾、香港、澳门地区的计算机信息网络的联网，参照本规定执行。

第十七条 本规定自发布之日起施行。

中国公用计算机互联网国际联网管理办法

（1996 年 4 月 8 日邮电部第 84 次部长办公会议审议通过）

第一条 为加强对中国公用计算机互联网国际联网的管理，促进国际信息交流的健康发展，根据《中华人民共和国计算机信息网络国际联网管理暂行规定》，制定本办法。

第二条 中国公用计算机互联网（即 Chinanet，以下简称中国公用互联网），是指由中国邮电电信总局（以下简称电信总局）负责建设、运营和管理，面向公众提供计算机国际联网服务，并承担普遍服务义务的互联网络。

第三条 中国公用互联网根据需要分级建立网络管理中心、信息服务中心。

第四条 接入中国公用互联网的接入单位应具备下列条件：

（一）依法设立的企业、事业单位或机关、团体；

（二）具有由计算机主机和在线信息终端组成的局域网络及相应的联网装备；

（三）具有相应的技术人员和管理人员；

（四）具有健全的安全保密管理制度和技术保护措施；

（五）符合国家法律、法规和邮电部规定的其他条件。

第五条 要求接入中国公用互联网的接入单位，应经其主管部门或主管单位的审核同意，到电信总局办理接入手续。办理接入手续时，接入单位应报送接入网络的系统构成、应用范围、联网主机数量、域名地址及终端用户数据等资料。接入运行后，上述事项发生变更时，应及时向电信总局申报。

第六条 个人、法人和其他组织（以下统称用户）的计算机和其他通信终端进行国际联网，必须通过接入网络进行。用户可以通过专线或通过公用电信交换网进入接入网络。

第七条 电信总局作为中国公用互联网的互联单位，负责互联网内接入单位和用户的联网管理，并为其提供性能良好、安全可靠的服务。

第八条 接入单位负责对其接入网内用户的管理，并按规定与用户签订协议，明确双方的权利、义务和责任。

第九条 接入单位和用户应遵守国家法律、法规，加强信息安全教育，严格执行国家保密制度，并对所提供的信息内容负责。

第十条 任何组织或个人，不得利用计算机国际联网从事危害国家安全、泄露国家秘密等犯罪活动；不得利用计算机国际联网查阅、复制、制造和传播危害国家安全、妨碍社会治安和淫秽色情的信息；发现上述违法犯罪行为和有害信息，应及时向有关主管机关报告。

第十一条 任何组织或个人，不得利用计算机国际联网从事危害他人信息系统和网络安全、侵犯他人合法权益的活动。

第十二条 互联单位、接入单位和用户对国家有关部门依法进行国际联网信息安全的监督检查，应予配合，并提供必要的资料和条件。

第十三条 凡利用国际互联网络信息资源，在国内经营计算机信息服务的，按放开经营电信业务的有关规定审批。

第十四条 接入单位和用户违反本办法第五条、第六条规定，未经批准，擅自接入中国公用互联网进行国际联网的，由电信总局停止接入服务；情节严重的，提请公安机关依法予以处罚。

第十五条 违反本办法第九条和第十条、第十一条规定的，由邮电部或邮电管理局给予警告、撤销批准文件并通知公用电信企业停止其联网接续的处罚。情节严重的，由公安机关依法予以处罚；构成犯罪的，提请由司法机关依法追究刑事责任。

第十六条 违反第十三条规定的，由邮电部或邮电管理局按有关规定予以处罚。

第十七条 本办法自发布之日起施行。